und Hannes
ve Moon" & Co
12-September
U.A.w.g.

Alle Rezepte sind für einen Cocktail berechnet, und die Foto-Rezepte stehen in zwei Linien links neben den Abbildungen. Umschlagfoto: Masquerade, Apricot Blossom, Sunny (Rezepte S. 64)

Wir danken Charles Hosie, Hamburg, für die freundliche Unterstützung bei der Erarbeitung des Buches.

Die Rezepte in diesem Buch sind mit aller Sorgfalt zusammengestellt und überprüft worden; dennoch kann eine Garantie nicht übernommen werden. Eine Haftung des Verlages und seiner Beauftragten für Personen-, Sach- und Vermögensschäden ist ausgeschlossen.

Verlagsunion Erich Pabel-Arthur Moewig KG, Rastatt

Umschlagentwurf und -gestaltung:
Werbeagentur Zeuner, Ettlingen
Umschlagfoto sowie alle Fotos im Innenteil:
Ceres Verlag/Herbert Maass, Hamburg
Printed in Germany 1996
Druck und Bindung:
Graphischer Großbetrieb Pößneck GmbH
ISBN 3-8118-4533-0

DR. OETKER
KÜCHENBIBLIOTHEK

COCKTAILS

MOEWIG

Handwerkszeug für jede Hausbar

Obere Reihe:

Trinkhalme für Longdrinks.

Eisbehälter und Eiszange zum Aufbewahren und Einfüllen von Eiswürfeln.

Shaker zum Mixen aller Cocktails mit schwer zu vermischenden Zutaten.

Siphon zum Abspritzen von Fizzes.

Rührglas und Barlöffel für die Zubereitung gerührter Drinks. Der Barlöffel ist auch Maßeinheit und entspricht 1 Teelöffel.

Untere Reihe:

Meßglas zum Abmessen von 2 cl bzw. 4 cl Flüssigkeit.

Barzange zum Öffnen von Verschlüssen und Korken.

Barsieb (Strainer) hält beim Abseihen der Cocktails das Eis im Shaker oder Rührglas zurück.

Barmesser zum Früchteschneiden.

Cocktailspieße (Sticker) zum Aufspießen von Cocktailkirschen, Oliven und Fruchtstückchen.

Flaschenöffner für Kronkorken.

Champagnerverschluß zum Verschließen geöffneter Flaschen.

Korkenzieher zum Öffnen von Flaschen mit Naturkorken.

Die richtigen Gläser für jeden Cocktail

Von links nach rechts:

Große Cocktailschale für Creams, Klassiker und Sekt-Cocktails.

Kleine Cocktailschale für trockene Aperitifs und Cocktails und hochprozentige Digestifs.

Old Fashioned-Glas für Whisky und im Glas zubereitete Drinks.

Großes Longdrinkglas für alle Longdrinks mit viel Eis.

Kleines Longdrinkglas für Highballs, Collins und Fizzes.

Champagnerflöte für alle mit Champagner zubereiteten Cocktails und Aperitifs.

Cocktailglas für halbtrockene Aperitifs und Digestifs, im Glas zubereitete Cocktails und exotische Drinks.

Ballonglas für Crustas, exotische Longdrinks und Cocktails, die mit zerstoßenem Eis serviert werden.

Sektschale für alle mit Sekt zubereiteten Cocktails, Flips und süße Drinks.

Beste Zutaten . . .

. . . sind zum Mixen gerade gut genug – hier zeigen wir Ihnen die richtige Auswahl.

IMPORTED
COMFORT
DUBLIN
SARONNO
AMARETTO
di
SARONNO
ORIGINALE
ILLVA
SARONNO
LIGHT-DRY
CARTA BLANCA
RUM
Ron
BACARDI
Superior
CONTENTS 70 CL.
GOLD
CARTA DE ORO
RUM
Ron
BACARDI
Superior
CONTENTS 70 CL.
Kirschwasser
Eau de Vie
IMPORTED
FROM ENGLAND
GORDON'S
DRY GIN
DISTILLERY,
LONDON,
ENGLAND
TANQUERAY GORDON & Co. Ltd.
THE HEART OF A GOOD COCKTAIL

Beste Zutaten . . .

. . . für farbenfrohe und phantasievolle Cocktails.

PISANG AMBON
LIQUEUR
VERMOUTH
VERMOUTH
CAMPARI
CAM
UNGARISCHER
BARACK LIQUEUR
KECSKEMÉTI
Original ungarischer
APRICOT LIQUEUR
ERNOD
ORANGEN
LIKÓR
TABASCO
Opie's
cocktail-kirschen
McILHENNY CO.
57 ml
TABASCO
BRAND
PEPPER SAUCE
100 ml
ANGOSTURA
Ausländisches Erzeugnis

Empfang am Vormittag: Edle Muntermacher

Black Velvet *(Foto S. 14/15)*

1/10 l Stout (dunkles englisches Bier),
1/10 l Champagner Bollinger

Das Bier in ein Longdrinkglas gießen, mit Champagner auffüllen.

Charly's Special

(Foto S. 14/15)

1 Stück Würfelzucker,
Angostura, 2 cl Cognac Hine,
1 Cocktailkirsche,
Champagner Bollinger,
Zitronenschale (unbehandelt)

Den Würfelzucker mit Angostura tränken und in eine Sektschale geben. Einen Eiswürfel, den Cognac und die Cocktailkirsche hinzufügen und mit Champagner auffüllen. Den Cocktail mit etwas Zitronenschale abspritzen, die Schale mit in das Glas geben.

Ohio *(Foto S. 14/15)*

1 Spritzer Angostura,
2 Spritzer Curaçao Weiß,
2 Spritzer Maraschino-Likör,
3 cl Canadian Club Whisky,
Sekt, 1 Orangenscheibe,
1 Cocktailkirsche

Einige Eiswürfel in ein Rührglas geben. Angostura, Curaçao, Maraschino-Likör und Whisky hinzufügen, rühren und in eine Cocktailschale abseihen. Mit Sekt auffüllen. Die Orangenscheibe halbieren und mit der Cocktail-Kirsche in das Glas geben.

Chrysopras *(Foto Titel)*

1/2 Barlöffel Pfefferminz-Sirup, 1 cl Pisang Ambon,
Sekt, 1 Cocktailkirsche,
1 Minzezweig

Einige Eiswürfel in einen Shaker geben. Likör und Pisang Ambon hinzufügen, schütteln und in ein Sektglas auf gestoßenes Eis abseihen. Mit Sekt auffüllen. Die Kirsche hinzufügen und mit der Minze garnieren.

Monte Carlo Highball

Saft einer halben Zitrone,
1 cl Crème de Menthe Weiß,
4 cl Gordon's Dry Gin, 1 Barlöffel Zucker, Champagner Bollinger

Einige Eiswürfel in einen Shaker geben. Zitronensaft, Crème de Menthe, Gin und Zucker hinzufügen und gut schütteln. In ein Longdrinkglas abseihen, 2 Eiswürfel hinzufügen und mit Champagner auffüllen.

French 75

Saft 1 Zitrone,
2 Barlöffel Puderzucker,
4 cl Gordon's Dry Gin,
Champagner Bollinger

Einige Eiswürfel in einen Shaker geben. Zitronensaft, Puderzucker und Gin hinzufügen, gut schütteln und in eine Sektschale abseihen. Einen Eiswürfel hinzufügen und mit dem Champagner auffüllen.

TIP

„French 76" heißt eine Variante des „French 75". Statt mit Gin wird der Cocktail mit 4 cl Cognac zubereitet.

Yellow Dream

3 cl Amaretto di Saronno Originale, 6 cl Bananensaft, 1 cl Zitronensaft, Sekt, 1 Cocktailkirsche

Einige Eiswürfel in einen Shaker geben. Amaretto, Bananensaft und Zitronensaft hinzufügen und gut schütteln. In eine Cocktailschale abseihen und mit Sekt auffüllen. Mit der Kirsche garnieren.

Southern Trip

4 cl Southern Comfort, Saft 1/4 Orange, Sekt

Einige Eiswürfel in ein Longdrinkglas geben. Southern Comfort und Orangensaft hinzufügen und mit Sekt auffüllen.

Highland Dream

2 cl Gordon's Dry Gin, 2 cl Drambuie, 2 cl frisch gepreßter Orangensaft, 1 Spritzer Angostura, Sekt

Einige Eiswürfel in einen Shaker geben. Gin, Drambuie, Orangensaft und Angostura hinzufügen und gut schütteln. In eine Sektschale abseihen und mit Sekt auffüllen.

Williams Glory

Saft einer halben Zitrone, 1 Barlöffel Puderzucker, 2 cl Orangen-Likör, 2 cl Birnen-Branntwein, Champagner Bollinger

Einige Eiswürfel in einen Shaker geben. Zitronensaft, Puderzucker, Orangen-Likör und Birnen-Branntwein hinzufügen und gut schütteln. In eine Sektschale abseihen und mit Champagner auffüllen.

Morning Glory Fizz

4 cl Scotch Whisky, 2 Spritzer Pastis, 1 Eiweiß, 1 Barlöffel Puderzucker, Saft einer halben Zitrone, Sodawasser, 1 Zitronenscheibe

Einige Eiswürfel in einen Shaker geben. Whisky, Pastis, Eiweiß, Puderzucker und Zitronensaft hinzufügen und gut schütteln. In ein Longdrinkglas abseihen, mit Sodawasser auffüllen. Mit der Zitronenscheibe garnieren.

Paradise Fizz

Saft 1 Zitrone, 2 Barlöffel feiner Zucker, 1 Eiweiß, 1 Barlöffel Grenadine-Sirup, 4 cl Gordon's Dry Gin, Sodawasser, 1 Zitronenscheibe, 1 Cocktailkirsche

Einige Eiswürfel in einen Shaker geben. Zitronensaft, Zucker, Eiweiß, Grenadine-Sirup und Gin hinzufügen, gut schütteln und in ein Longdrinkglas abseihen, mit Sodawasser auffüllen. Den Cocktail mit Zitronenscheibe und Kirsche garnieren.

TIP

Wichtig beim Fizz-Mixen: Die Zutaten im Shaker etwa 20 Sekunden kräftig schütteln, damit sie sich gut verbinden.

Blue Moon Special

Zitronensaft, Zucker,
2 cl Gordon's Dry Gin,
2 cl Curaçao Blue,
Champagner,
Zitronenschale (unbehandelt)

Den Rand einer großen Sektschale zuerst in Zitronensaft und dann in Zucker tauchen. Einige Eiswürfel in einen Shaker geben. Gin und Curaçao hinzugießen, gut schütteln, in die Sektschale abseihen. Einen Eiswürfel dazugeben und mit dem Champagner auffüllen. Mit Zitronenschale abspritzen, die Schale mit in das Glas geben.

Green Emma

2 cl Gordon's Dry Gin,
1 cl Curaçao Blue, 1 cl Amaretto di Saronno Originale, 1 cl frisch gepreßter Orangensaft, 1 Eiweiß,
Sekt, 1 Zweig Minze

Einige Eiswürfel in einen Shaker geben. Gin, Curacao, Amaretto, Orangensaft und Eiweiß hinzufügen und gut schütteln. In ein Longdrinkglas abseihen, mit Sekt auffüllen und mit dem Minzezweig garnieren.

Champagner Fizz

Saft einer halben Zitrone,
2 cl Grenadine-Sirup,
4 cl trockener Weißwein,
Champagner,
1 Zitronenscheibe

Einige Eiswürfel in einen Shaker geben. Zitronensaft, Grenadine-Sirup und trockenen Weißwein hinzufügen und gut schütteln. In ein Longdrinkglas abseihen und mit dem Champagner auffüllen. Den Cocktail mit der Zitronenscheibe garnieren.

Ramos Gin Fizz

Saft einer Zitrone,
2 Teel. Puderzucker,
1 Eiweiß, 1 Barlöffel süße Sahne, 1 cl Curaçao Weiß,
4 cl Gordon's Dry Gin,
Sodawasser, 1 Zitronenscheibe

Einige Eiswürfel in einen Shaker geben. Zitronensaft, Puderzucker, Eiweiß, süße Sahne, Curaçao und Gin hinzufügen und gut schütteln. In ein Longdrinkglas abseihen. Zwei Eiswürfel hinzufügen, mit Sodawasser auffüllen, mit Zitronenscheibe garnieren.

TIP

Gut gekühlt und trocken sollten Champagner oder Sekt für diese spritzigen Cocktails sein.

Vulcano

3 cl Himbeergeist,
2 cl Curaçao Blue, Orangenschale (unbehandelt)
Champagner

Himbeergeist und Curaçao in eine Cocktailschale geben. Mit Orangenschale abspritzen.
Die Orangenschale mit in das Glas geben. Den Cocktail mit Champagner auffüllen.

BOLLINGER
Champagne
Import : Charles HOSIE

Bloody Bull

3 cl Tequila, Tomatensaft, eisgekühlte klare Bouillon, Pfeffer, Selleriesalz, 1/4 Zitrone (unbehandelt)

3–4 Eiswürfel und den Tequila in ein Longdrinkglas geben. Halb mit Tomatensaft, halb mit Bouillon auffüllen. Mit Pfeffer und Selleriesalz würzen. Zitronenviertel darüber ausdrücken, die Schale mit in das Glas geben und den Cocktail umrühren.

Augenöffner

1 Eigelb, Saft 1 Zitrone, 1 Teel. feiner Zucker, 2 Spritzer Pastis, 2 cl weißer Bacardi Rum, 1 cl Curaçao Weiß, 1 cl Crème de Cacao Weiß

Einige Eiswürfel in einen Shaker geben. Die Zutaten hinzufügen, gut schütteln und in ein Flipglas abseihen.

Tequila Sunrise

4 cl Tequila, frisch gepreßter Orangensaft, 1 cl Grenadine-Sirup

3–4 Eiswürfel in ein Longdrinkglas geben. Tequila dazugießen und mit Orangensaft auffüllen. Grenadine-Sirup dazugeben, den Cocktail ganz leicht umrühren.

Screw Driver „B“

4 cl weißer Bacardi Rum, Orangensaft, Orangenscheibe

3–4 Eiswürfel in ein Longdrinkglas geben, den Bacardi dazugeben und mit Orangensaft auffüllen. Mit der Orangenscheibe garnieren.

Brandy Crusta

Zitronensaft, Zucker, Zitronenschale (unbehandelt), Saft 1/2 Zitrone, 1 Barlöffel Zucker, 1 Spritzer Angostura, 1 Barlöffel Maraschino-Likör, 1 Barlöffel Curaçao Weiß, 4 cl Weinbrand

Eine Sektschale mit dem Rand zuerst in Zitronensaft, dann in Zukker tauchen. Zitronenschale in das Glas geben. Einige Eiswürfel in einen Shaker geben und die übrigen Zutaten hinzufügen, gut schütteln, in die Sektschale abseihen.

TIP

Verwenden Sie immer frische und trockene, niemals angetaute Eiswürfel – denn sie sollen den Cocktail kühlen, nicht verwässern.

Americano

3 cl Campari, 3 cl roter Vermouth, Sodawasser, Zitronenschale (unbehandelt)

In ein Longdrinkglas 3–4 Eiswürfel geben, Campari und Vermouth dazugießen und mit Sodawasser auffüllen. Mit einem Barlöffel rühren und mit etwas Zitronenschale abspritzen. Die Schale mit in das Glas geben. Den Cocktail mit dünn abgeschälter Zitronenschale garnieren.

Roman

10 Himbeeren,
2 cl Parfait Amour,
trockener Sekt oder
Champagner Bollinger

Die Himbeeren verlesen und pürieren. Einige Eiswürfel in einen Shaker geben. Himbeerpüree und Parfait Amour dazugeben, gut schütteln und in eine Sektschale abseihen, mit dem Sekt oder Champagner auffüllen.

Ananas-Fizz

6 cl Ananassaft,
3 cl weißer Bacardi Rum, Sodawasser, 1/4 Scheibe Ananas

Einige Eiswürfel in einen Shaker geben. Ananassaft und weißen Rum hinzufügen, schütteln und in ein Longdrinkglas abseihen. Mit Sodawasser auffüllen, mit der Ananasscheibe garniert servieren.

Prince of Wales

2 Spritzer Angostura,
2 Spritzer Curaçao Orange,
2 cl Cognac Hine, Sekt,
1 dünne Zitronenscheibe

2–3 Eiswürfel zerstoßen und in einen Silberbecher oder ein Kelchglas geben. Angostura, Curaçao und Cognac darüber geben und mit Sekt auffüllen, umrühren. Die Zitronenscheibe hineingeben.

Orange Blossom Special

3 cl Gordon's Dry Gin,
3 cl frisch
gepreßter Orangensaft,
1 Orangenscheibe

Einige Eiswürfel in einen Shaker geben. Gin und Orangensaft hinzufügen und gut schütteln. In eine Cocktailschale abseihen und die Orangenscheibe hinzufügen.

Jade

2 cl weißer Bacardi Rum, 1 cl Curaçao Orange, 1 cl grüner Pfefferminz-Likör, halbtrockener Sekt

Einige Eiswürfel in einen Shaker geben. Rum, Curaçao und Pfefferminz-Likör hinzufügen und gut schütteln. In ein Cocktail-Glas abseihen und mit Sekt auffüllen.

TIP

Champagner- oder Sekt-Cocktails können zu vielen Anlässen gereicht werden: sie schmecken vom frühen Vormittag bis in die späte Nacht.

Bonnie's Love

4 cl Drambuie, 2 cl frisch gepreßter Orangensaft, halbtrockener Sekt, 1 Orange (unbehandelt)

Einige Eiswürfel in einen Shaker geben. Drambuie und Orangensaft hinzufügen und gut schütteln. In eine Cocktailschale abseihen und mit dem gut gekühlten Sekt auffüllen. Aus der Schale der Orange dünne Spiralen schneiden, den Cocktail damit garnieren.

Festliche Menüs: Aperitifs zum Auftakt

Viva Villa *(Foto S. 24/25)*

Zitronensaft, Salz,
Saft einer Limette
oder 1/2 Zitrone,
1 Barlöffel Eiweiß,
1 Barlöffel Puderzucker,
4 cl Tequila

Eine Sektschale mit dem Rand zuerst in Zitronensaft, dann in Salz tauchen. 3–4 Eiswürfel in einen Shaker geben, Limetten- oder Zitronensaft, Eiweiß, Zucker, Tequila hinzufügen, gut schütteln, in die Sektschale abseihen.

Bacardi Martini

(Foto S. 24/25)

3 cl weißer Bacardi Rum,
2 cl Vermouth Dry,
1 grüne Olive

Einige Eiswürfel in ein Rührglas geben. Bacardi Rum und Vermouth dazugeben, rühren und in ein Cocktailglas abseihen. Die Olive hineingeben.

Dubarry Cocktail

(Foto S. 24/25)

1 Spritzer Angostura,
3 Spritzer Pastis,
1 cl Vermouth Dry,
4 cl Gordon's Dry Gin,
1/2 Orangenscheibe

Einige Eiswürfel in ein Rührglas geben. Angostura, Pastis, Vermouth und Gin hinzufügen, rühren und in ein gekühltes Cocktailglas abseihen. Die Orangenscheibe hineingeben.

Vodka Gibson

(Foto S. 24/25)

5 cl Finlandia Vodka,
1 cl Vermouth Dry,
2–3 Perlzwiebeln, etwas
Zitronenschale (unbehandelt)

Einige Eiswürfel in ein Rührglas geben. Vodka und Vermouth hinzufügen, rühren und in ein Cocktailglas abseihen. Die Perlzwiebeln hineingeben, mit Zitronenschale abspritzen.

Star Cocktail

4 cl Calvados Morin,
2 cl Vermouth Rot,
1 Spritzer Angostura,
etwas Zitronenschale
(unbehandelt)

Einige Eiswürfel in ein Rührglas geben. Calvados, Vermouth und Angostura hinzufügen, rühren und in ein Cocktailglas abseihen. Mit Zitronenschale abspritzen.

Daiquiri Cocktail No. 3

4 cl weißer Bacardi Rum,
1 Barlöffel Puderzucker,
1 Barlöffel Zitronensaft,
1 Barlöffel Grapefruitsaft,
1 Barlöffel Maraschino-Likör

Einige Eiswürfel in einen Shaker geben, die Zutaten hinzufügen, schütteln und in ein Cocktailglas abseihen.

TIP

Aperitifs werden zur Anregung und Einstimmung vor einem Menü gereicht: sie sollen daher leicht und appetitanregend sein.

Perfect Martini

4 cl Gordon's Dry Gin,
1 cl Vermouth Dry,
1 cl Vermouth Rot,
Zitronenschale (unbehandelt)

Einige Eiswürfel in ein Rührglas geben. Gin und Vermouth hinzufügen, rühren und in ein kleines Cocktailglas abseihen, mit Zitronenschale abspritzen.

Dry Martini Cocktail

5 cl Gordon's Dry Gin,
3 Spritzer Vermouth Dry,
1 grüne Olive

Einige Eiswürfel in ein Rührglas geben. Gin und Vermouth hinzufügen, rühren und in ein kleines Cocktailglas abseihen. Die Olive hinzufügen.

Manhattan No. 2

4 cl Gordon's Dry Gin,
2 cl Vermouth Rot,
1 Spritzer Angostura,
1 Cocktailkirsche

Einige Eiswürfel in ein Rührglas geben. Gin, Vermouth und Angostura hinzufügen, rühren und in eine kleine Cocktailschale abseihen. Die Kirsche hineingeben.

Rob Roy

4 cl Scotch Whisky,
2 cl Vermouth Rot,
1 Tropfen Angostura,
etwas Zitronenschale
(unbehandelt)

Einige Eiswürfel in ein Rührglas geben. Whisky, Vermouth und Angostura hinzufügen, rühren und in ein Cocktailglas abseihen. Mit Zitronenschale abspritzen. Die Schale mit in das Glas geben.

Gimlet Cocktail

2 cl Rose's Lime Juice,
4 cl Gordon's Dry Gin

Einige Eiswürfel in einen Shaker geben, die Zutaten hinzufügen, schütteln und in ein Cocktailglas abseihen.

Fifty-Fifty

3 cl Gordon's Dry Gin,
3 cl Vermouth Dry

Einige Eiswürfel in ein Rührglas geben, die Zutaten hinzufügen, rühren und in ein kleines Cocktailglas abseihen.

Ideal Cocktail

4 cl Gordon's Dry Gin,
1 cl Vermouth Dry,
3 Spritzer
Maraschino-Likör,
1/2 Barlöffel
Zitronensaft,
1/2 Barlöffel
Grapefruitsaft

Einige Eiswürfel in einen Shaker geben, die Zutaten hinzufügen, gut schütteln und in ein Cocktailglas abseihen.

TIP

Wie trocken ein Martini ist, hängt vom Mischungsverhältnis Gin : Vermouth ab. Probieren Sie selbst, wie Sie diesen Klassiker mögen!

Appetizer-Cocktail

2 Spritzer Angostura,
2 cl Orangensaft,
2 cl Gordon's Dry Gin,
2 cl Vermouth Rot

Einige Eiswürfel in einen Shaker geben. Angostura, Orangensaft, Gin und Vermouth hinzufügen, schütteln und in ein gekühltes Cocktailglas abseihen.

Weiße Lilie

2 cl Gordon's Dry Gin,
2 cl weißer Bacardi Rum,
1 cl Orangen-Likör,
1 Barlöffel Anis-Likör

Einige Eiswürfel in einen Shaker geben. Gin, weißen Rum, Orangen-Likör und Anis-Likör hinzufügen, gut schütteln und in ein gekühltes Cocktailglas abseihen.

Bobby Burns

2 Spritzer Bénédictine,
1 cl Vermouth Rot,
1 cl Vermouth Dry,
4 cl Scotch Whisky,
Zitronenschale
(unbehandelt)

Einige Eiswürfel in ein Rührglas geben. Bénédictine, Vermouth und Whisky hinzufügen, rühren und in ein Cocktailglas abseihen. Mit Zitronenschale abspritzen.

Golden Bell No. 1

2 Tropfen Angostura,
2 Tropfen Orangenbitter,
1 cl Tio Pepe Sherry,
4 cl Gordon's Dry Gin,
1 Cocktailkirsche

Einige Eiswürfel in einen Shaker geben. Angostura, Orangenbitter, Sherry und Gin dazugeben, schütteln und in ein Cocktailglas abseihen. Die Kirsche hinzufügen.

Perfect Manhattan

4 cl Whisky,
1 cl Vermouth Dry,
1 cl Vermouth Rot,
1 Tropfen Angostura,
etwas Zitronenschale
(unbehandelt)

Einige Eiswürfel in ein Rührglas geben. Whisky, Vermouth, Angostura hinzufügen, rühren, in ein Cocktailglas abseihen und mit Zitronenschale abspritzen.

TIP

Servieren Sie Aperitifs in vorgekühlten Cocktail-Schalen: Dafür die Gläser mit Eiswürfeln füllen und stehenlassen, bis sie beschlagen.

Up to date

3 cl Canadian Club Whisky,
2 cl Sherry Dry,
2 Spritzer Orangen-Likör, 1 Spritzer Angostura, 1 Cocktailkirsche

Einige Eiswürfel in ein Rührglas geben. Whisky, Sherry, Orangen-Likör und Angostura hinzufügen, rühren, in ein Cocktailglas abseihen, die Kirsche hinzufügen.

Ritz

2 cl Orangen-Likör,
1 cl Orangensaft,
1 cl Orangensirup,
Sekt

Einige Eiswürfel in einen Shaker geben. Orangen-Likör, Orangensaft und Orangensirup hinzufügen, gut schütteln und in ein Sektglas abseihen. Mit Sekt auffüllen.

Salute

4 cl Vermouth Weiß,
2 cl Vermouth Rot,
1 cl Gordon's Dry Gin,
1 cl Campari,
1 cl schwarzer Johannisbeersirup,
4 cl Sodawasser,
1 Orangenscheibe,
1 Limettenscheibe,
1 Minzezweig

Einige Eiswürfel in einen Shaker geben. Vermouth, Gin, Campari und schwarzen Johannisbeersirup hinzufügen und schütteln. 2–3 Eiswürfel in ein Cocktailglas geben und den Drink in das Glas abseihen. Mit Sodawasser auffüllen, mit Orangen- und Limettenscheibe und Minze garnieren.

Kir Royal

1 cl Crème de Cassis Boudier,
gut gekühlter Champagner

In eine gekühlte Sektschale den Crème de Cassis geben, mit dem Champagner auffüllen.

Shark's Tooth

2 cl Crème de Cassis Boudier,
1 cl Orangen-Likör, 1 cl Vermouth Rosé, Tonic Water

Einige Eiswürfel in einen Shaker geben. Crème de Cassis, Orangen-Likör und Vermouth hinzufügen, gut schütteln und in ein Cocktailglas abseihen. Mit etwas Tonic Water auffüllen.

Bronx

3 cl Gordon's Dry Gin,
1 cl Vermouth Dry,
1 cl Vermouth Rot, 1 cl frisch gepreßter Orangensaft,
1 Cocktailkirsche

Einige Eiswürfel in einen Shaker geben. Gin, Vermouth und Orangensaft hinzufügen, schütteln und in ein Cocktailglas abseihen. Die Cocktailkirsche hinzufügen.

TIP

Erfrischende, fruchtige Drinks wie der Campari Orange schmecken am besten mit frisch gepreßtem Orangensaft.

Campari Orange

5 cl Campari, frischer gepreßter Orangensaft, 1/2 Orangenscheibe

3 Eiswürfel in ein Longdrinkglas geben. Campari hinzufügen, mit Orangensaft auffüllen und rühren. Mit der Orangenscheibe garnieren.

Cardinal

2 cl Gordon's Dry Gin,
2 cl Campari,
2 cl Vermouth Dry,
etwas Zitronenschale
(unbehandelt)

Einige Eiswürfel in ein Rührglas geben. Gin, Campari und Vermouth hinzufügen, rühren und in eine Cocktailschale abseihen. Mit der Zitronenschale abspritzen und die Schale mit in das Glas geben.

Perroquet

1 cl Pfefferminz-Sirup,
4 cl Pastis,
Mineralwasser

2–3 Eiswürfel in ein Cocktailglas geben. Pfefferminz-Sirup und Pastis darüber geben. Zum Auffüllen des Cocktails das eiskalte Mineralwasser in einem Glas oder Krug dazureichen.

Apple Sunrise

4 cl Calvados Morin,
1 Spritzer Zitronensaft,
2 cl Crème de Cassis Boudier,
8 cl frisch
gepreßter Orangensaft

Ein Longdrinkglas zur Hälfte mit zerstoßenem Eis füllen. Zuerst den Calvados, dann Zitronensaft und Crème de Cassis dazugeben. Mit Orangensaft auffüllen und leicht umrühren.

Negroni

2 cl Gordon's Dry Gin,
2 cl Campari,
2 cl Vermouth Rot,
etwas Zitronenschale
(unbehandelt)

Einige Eiswürfel in ein Rührglas geben. Gin, Campari und Vermouth hinzufügen und rühren. In ein Cocktailglas abseihen und mit der Zitronenschale abspritzen. Die Schale in das Glas geben.

Vermouth-Cassis

4 cl Vermouth Dry,
2 cl Crème de Cassis Boudier,
etwas Zitronenschale
(unbehandelt), Sodawasser

2–3 Eiswürfel in ein Cocktailglas geben. Vermouth und Crème de Cassis hinzufügen, rühren, mit Zitronenschale abspritzen und mit etwas Sodawasser auffüllen.

TIP

Aus „Perroquet" wird der Cocktail „Tomate", wenn Sie den Pfefferminz-Sirup gegen 1 cl Grenadine-Sirup austauschen.

Rose

3 cl Kirschwasser,
3 cl Vermouth Dry, 2 Spritzer
Grenadine-Sirup, 1 Cocktailkirsche

Einige Eiswürfel in ein Rührglas geben. Kirschwasser, Vermouth und Grenadine-Sirup hinzufügen, rühren und in eine kleine Cocktailschale abseihen. Die Kirsche hineingeben.

French Connection

2 cl Amaretto di Saronno Originale, 2 cl Cognac Hine

Einige Eiswürfel in ein Rührglas geben. Die Zutaten hinzufügen, rühren und in eine kleine Cocktailschale abseihen.

Alaska-Cocktail

2 Spritzer Orangenbitter, 4 cl Gordon's Dry Gin, 1 cl Chartreuse gelb

Einige Eiswürfel in ein Rührglas geben. Die Zutaten hinzufügen, rühren und in ein Cocktailglas abseihen.

American Amaretto

3 cl Amaretto di Saronno Originale, 2 cl Bourbon Whiskey, 3 Spritzer Crème de Menthe Weiß, 1/4 Orangenscheibe, 1 Minzezweig

Einige Eiswürfel in ein Rührglas geben. Amaretto, Whiskey und Crème de Menthe hinzufügen, rühren und in ein kleines Cocktailglas abseihen. Orangenscheibe hinzufügen und mit dem Minzezweig garnieren.

Stinger

4 cl Weinbrand, 2 cl Crème de Menthe Weiß

Einige Eiswürfel in einen Shaker geben. Die Zutaten hinzufügen, schütteln und in ein Cocktailglas abseihen.

Rusty Nail

4 cl Scotch Whisky, 2 cl Drambuie

3–4 Eiswürfel in ein Old Fashioned-(Whisky-)Glas geben. Scotch Whisky und Drambuie hinzufügen und kurz rühren.

Tipperary Cocktail

2 cl Jameson Irish Whiskey, 2 cl Chartreuse Grün, 2 cl Vermouth Rot

Einige Eiswürfel in ein Rührglas geben. Die Zutaten hinzufügen, rühren und in ein Cocktailglas abseihen.

TIP

Auf dieser Seite finden Sie einige Digestifs, die gern als Abschluß eines üppigen Menüs gereicht werden.

Grasshopper

3 cl Crème de Cacao Weiß, 1 1/2 cl Crème de Menthe Grün, 4 cl süße Sahne, 1 Minzezweig

Einige Eiswürfel in einen Shaker geben. Crème de Cacao, Crème de Menthe und Sahne hinzufügen, gut schütteln und in ein Cocktailglas abseihen. Mit dem Minzezweig garnieren.

Cocktail-Party: Buntgemixt für Liebhaber

Finlandia Night
(Foto S. 36/37)

4 cl Finlandia Vodka,
2 cl Zitronensaft,
schwarzer Johannisbeersaft

Einige Eiswürfel in ein Rührglas geben. Vodka und Zitronensaft hinzufügen, rühren und in ein Kelchglas abseihen. Eiswürfel dazugeben, mit dem Saft auffüllen.

Pink Baby *(Foto S. 36/37)*

Zitronensaft, rosa Zucker,
4 cl Gordon's Dry Gin,
1 Barlöffel Eiweiß,
1 Barlöffel Zitronensaft,
1 Barlöffel Grenadine-Sirup

Ein Ballon- oder Weinglas mit dem Rand zuerst in Zitronensaft, dann in Zucker tauchen. Einige Eiswürfel in einen Shaker geben. Die Zutaten hinzufügen und gut schütteln, in das Glas abseihen.

Green Daiquiri
(Foto S. 36/37)

6 cl Pisang Ambon,
3 cl weißer Bacardi Rum,
1 cl Limettensaft,
1 Limettenscheibe (unbehandelt)

Einige Eiswürfel in einen Shaker geben. Die Zutaten hinzufügen und gut schütteln. In ein Cocktailglas auf zerstoßenes Eis abseihen. Limettenscheibe hinzufügen.

Southern Sunrise
(Foto S. 36/37)

5 cl Southern Comfort,
1 cl Grenadine-Sirup,
1 cl Zitronensaft, 6 cl
frisch gepreßter Orangensaft,
1 Orangenscheibe

Einige Eiswürfel in einen Shaker geben. Southern Comfort, Grenadine-Sirup und Zitronensaft hinzufügen und schütteln. In ein Cocktailglas abseihen, mit Orangensaft auffüllen. Mit der Orangenscheibe garnieren.

Bermuda Highball

2 cl Gordon's Dry Gin,
2 cl Vermouth Dry,
2 cl Weinbrand, Ginger Ale

Einige Eiswürfel in ein Longdrinkglas geben. Gin, Vermouth und Weinbrand dazugeben, rühren und mit Ginger Ale auffüllen.

D.B.U.-Cocktail

2 cl Weinbrand, 2 cl
Apricot Brandy, 2 cl frisch
gepreßter Orangensaft,
Sekt, 1 Orangenscheibe,
1 Cocktailkirsche

Einige Eiswürfel in einen Shaker geben. Weinbrand, Apricot Brandy und Orangensaft hinzufügen. Schütteln, in eine Sektschale abseihen und mit kaltem Sekt auffüllen. Mit der Orangenscheibe und der Cocktailkirsche garnieren.

D.B.U. = Deutsche Barkeeper Union

TIP

Eine Auswahl von 10 Drinks ist bei einer Cocktail-Party angemessen. So werden weder Sie noch Ihre Gäste überfordert.

Mai Tai

*2 cl weißer Bacardi Rum,
2 cl Jamaika Rum,
1 cl Curaçao Orange,
1 cl Amaretto
di Saronno Originale,
1 Spritzer Angostura,
1 Spritzer Orangen-Bitter,
1 cl Ananassaft (ungesüßt),
1 cl Limettensaft,
1 cl Orangensaft,
1 cl Zitronensaft,
3 Spritzer Grenadine-
Sirup, 1 Minzezweig,
1 kleines Stück frische
Ananas, 1 Cocktailkirsche*

Einige Eiswürfel in einen Shaker geben. Bacardi, Rum, Curaçao, Amaretto, Angostura, Orangen-Bitter, die Säfte und Grenadine-Sirup hinzufügen und schütteln. Ein Longdrinkglas zur Hälfte mit sehr fein zerstoßenem Eis füllen und den Drink in das Glas abseihen. Ananas, Kirsche und Minze auf einen Sticker spießen und den Cocktail damit garnieren.

Ina Maria

*4 cl Bourbon Whiskey,
1 Barlöffel Apricot Brandy,
1 Barlöffel Orangensaft,
1 Barlöffel Zitronensaft,
1 Spritzer Angostura,
3 Spritzer Pastis,
Orangen- und Zitronenschale
(unbehandelt), 1 Cocktailkirsche*

Einige Eiswürfel in einen Shaker geben. Whiskey, Apricot Brandy, Orangen- und Zitronensaft, Angostura und Pastis hinzufügen, gut schütteln und in ein Old Fashioned-Glas mit 3 Eiswürfeln abseihen. Mit Orangen- und Zitronenschale abspritzen. Die Schale und die Cocktailkirsche mit in das Glas geben.

Exotic Refreshment

*4 cl Drambuie, 2 cl
Finlandia Vodka, 8 cl
ungesüßter Ananassaft,
1 Barlöffel Zitronensaft,
1 Stück frische Ananas,
1 Minzezweig, 1 Cocktailkirsche*

Einige Eiswürfel in ein Longdrinkglas geben. Drambuie, Vodka, Ananassaft, Zitronensaft hinzufügen und rühren. Mit Ananas, Minzezweig und Cocktailkirsche garnieren.

Lazarac-Cocktail

*1 Spritzer Grenadine-
Sirup, 1 Spritzer Orangen-
Bitter, 1 Spritzer Angostura,
3 Spritzer Pastis, 1 cl Anis-Likör,
3 cl weißer Bacardi Rum,
3 cl Canadian Club Whisky,
Zitronenschale (unbehandelt)*

Einige Eiswürfel in einen Shaker geben. Grenadine, Orangen-Bitter, Angostura, Pastis, Anis-Likör, Bacardi Rum und Whisky hinzufügen, schütteln und mit dem Eis in ein Old Fashioned-Glas geben. Mit Zitronenschale abspritzen, die Schale mit in das Glas geben.

TIP

Bieten Sie Ihren Gästen Klassiker, Long- und Shortdrinks, Creams und Alkoholfreies an. So ist für jeden Geschmack etwas dabei.

Rosa Vita

4 cl weißer Bacardi Rum,
Saft 1/2 Zitrone, 1 Barlöffel Grenadine-Sirup

Einige Eiswürfel in ein Rührglas geben. Die Zutaten hinzufügen, rühren und in ein kleines Cocktailglas abseihen.

Plaisir

3 cl weißer Bacardi Rum,
2 cl Peach-Brandy,
1 Barlöffel Orangensaft,
1 Barlöffel Zitronensaft,
1 Spritzer Angostura,
1 Cocktailkirsche

Einige Eiswürfel in einen Shaker geben. Bacardi Rum, Peach-Brandy, Orangensaft, Zitronensaft und Angostura hinzufügen, schütteln und in ein Cocktailglas abseihen. Die Cocktailkirsche mit hineingeben.

Brandy Julep

4–5 frische Minzeblätter,
1 Barlöffel Puderzucker,
6 cl Weinbrand,
1 Orangenscheibe,
1 Zitronenscheibe

Minze, Zucker und Weinbrand in ein Longdrinkglas geben. Das Glas mit fein zerstoßenem Eis füllen. Vorsichtig rühren, bis die Minzeblätter auf dem Eis liegen. Mit Orangen- und Zitronenscheibe garnieren.

Welcome

1 cl Amaretto di Saronno Originale,
2 cl Gordon's Dry Gin,
1 cl Vermouth Noilly Prat

Einige Eiswürfel in einen Shaker geben. Die Zutaten hinzufügen, schütteln und in ein kleines Cocktailglas abseihen.

Planter's Punch

6 cl weißer Bacardi Rum,
Saft 1/2 Zitrone,
1 Barlöffel Grenadine-Sirup,
frisch gepreßter Orangensaft,
1 Minzezweig, 1 Orangenscheibe

Einige Eiswürfel in ein Longdrinkglas geben. Bacardi Rum, Zitronensaft, Grenadine-Sirup hinzufügen und umrühren. Mit Orangensaft auffüllen. Mit der Orangenscheibe und dem Minzezweig garnieren.

TIP

Crustard-Ränder aus buntem Zucker sind effektvoll und können, da sie einige Zeit halten, gut vorbereitet werden.

Flamingo

Zitronensaft, rosa Zucker,
4 cl Gordon's Dry Gin, 2 cl Apricot Brandy,
2 cl Zitronensaft, 1 Barlöffel Grenadine-Sirup

Eine Sektschale mit dem Rand zuerst in den Zitronensaft, dann in rosa Zucker tauchen. Einige Eiswürfel in einen Shaker geben. Gin, Apricot Brandy, Zitronensaft und Grenadine hinzufügen, schütteln und in die Sektschale abseihen.

American Beauty

1 Barlöffel Crème de Menthe Weiß, 2 Barlöffel Orangensaft, 1 Barlöffel Grenadine-Sirup, 2 cl Vermouth Dry, 2 cl Weinbrand

Ein Longdrinkglas zur Hälfte mit zerstoßenem Eis füllen, die Zutaten darüber geben, kurz rühren.

Bella Gioia

1 cl Amaretto di Saronno Originale, 2 cl weißer Bacardi Rum, 1 cl Apricot Brandy, 2 cl Vermouth Dry

Einige Eiswürfel in einen Shaker geben. Die Zutaten hinzufügen, schütteln und in eine Cocktailschale abseihen.

Capitano

4 cl Southern Comfort, 2 cl Bourbon Whiskey, 1 cl Amaretto di Saronno Originale, 4 cl frisch gepreßter Orangensaft, 2 cl Zitronensaft

Einige Eiswürfel in einen Shaker geben. Die Zutaten hinzufügen und schütteln. In ein großes Glas mit reichlich zerstoßenem Eis abseihen.

El Presidente

Saft einer Limette, 1 Barlöffel Ananassaft, 1 Barlöffel Grenadine-Sirup, 4 cl weißer Bacardi Rum

Einige Eiswürfel in einen Shaker geben. Die Zutaten hinzufügen, schütteln und in ein Cocktailglas abseihen.

Santa Cruz Rum Daisy

5 cl Jamaika Rum, 1 Barlöffel Puderzucker, 1 Barlöffel Grenadine-Sirup, 1 Barlöffel Curaçao Orange, Saft 1/2 Zitrone, 3 Cocktailkirschen

Fein zerstoßenes Eis in einen Shaker geben. Rum, Puderzucker, Grenadine, Curaçao und Zitronensaft hinzufügen, schütteln und mit dem Eis in ein Longdrinkglas geben. Die Cocktailkirschen hinzufügen.

TIP

Halten Sie für Ihre Party einen reichlichen Vorrat an Eiswürfeln bereit, denn nichts ist schlimmer als lauwarme Drinks.

Acapulco

Saft 1/2 Zitrone, 1 Barlöffel Zucker, 4 cl weißer Bacardi Rum, 1 cl Curaçao Triple Sec, 1 Barlöffel Eiweiß, 1 Minzezweig

Einige Eiswürfel in einen Shaker geben. Zitronensaft, Zucker, Bacardi Rum, Curaçao und Eiweiß hinzufügen, gut schütteln, mit dem Eis in ein Longdrinkglas füllen und mit der Minze garnieren.

John Collins

Saft einer Zitrone,
1 Barlöffel Puderzucker,
6 cl Bokma Genever oder Whisky

Einige Eiswürfel in einen Shaker geben. Die Zutaten hinzufügen, schütteln und mit dem Eis in ein Longdrinkglas geben.

Zombie

2 cl Ananassaft, 2 cl Orangensaft, 2 cl Limetten- oder Zitronensaft, 2 cl Apricot Brandy, 2 cl Bacardi Rum Weiß, 2 cl Bacardi Rum Gold, 2 cl Jamaika Rum, 1 Spritzer Angostura, 1 Barlöffel Puderzucker, 1 cl Jamaika Rum (75 %), 1 Stück frische Ananas, 1 Orangenscheibe, 2 Cocktailkirschen

Sehr fein zerstoßenes Eis in einen Shaker geben. Die Säfte, Apricot Brandy, die drei Rumsorten, Angostura, Zucker hinzufügen, gut schütteln und mit dem Eis in ein Longdrinkglas geben. Den Jamaika Rum darüber geben. Mit Ananas, Orangenscheibe und den Cocktailkirschen garnieren.

Golden Cadillac

2 cl Galliano-Likör,
4 cl Crème de Cacao Weiß,
2 cl süße Sahne

Einige Eiswürfel in einen Shaker geben. Die Zutaten hinzufügen, schütteln und in ein Cocktailglas abseihen.

Klabautermann

Saft einer Zitrone,
1 Barlöffel Grenadine-Sirup, 1 cl Vermouth Rot,
1 cl Orangen-Likör, 2 cl brauner Jamaika Rum (75 %)

Einige Eiswürfel in einen Shaker geben. Die Zutaten hinzufügen, schütteln und in ein Whisky-(Old Fashioned-)Glas mit 2 Eiswürfeln abseihen.

Between The Sheets

Saft 1/4 Zitrone,
2 cl Bacardi Rum Gold,
2 cl Curaçao Triple Sec,
2 cl Weinbrand

Einige Eiswürfel in einen Shaker geben. Die Zutaten hinzufügen, schütteln und in ein Cocktailglas abseihen.

TIP

Mixen Sie niemals auf Vorrat. Cocktails sollen und müssen immer frisch und nur für ein, maximal zwei Gläser zubereitet werden.

Lady Störtebeker

2 cl Gordon's Dry Gin, 2 cl Crème de Cassis Boudier, 1 cl Amaretto di Saronno Originale, trockener Sekt, 1 Orange (unbehandelt)

Einige Eiswürfel in ein Rührglas geben. Gin, Crème de Cassis und Amaretto hinzufügen, rühren, in eine Sektschale abseihen und mit Sekt auffüllen. Aus der Schale der Orange dünne Spiralen schneiden und den Cocktail damit garnieren.

Canadian Squash

4 cl Canadian Club Whisky, 1 cl Drambuie, 6 cl frisch gepreßter Orangensaft, 1 Barlöffel Zitronensaft

Einige Eiswürfel in einen Shaker geben. Die Zutaten hinzufügen, schütteln und in ein Cocktailglas abseihen.

Bloody Mary

4 cl Finlandia Vodka,
6 cl Tomatensaft,
1 Barlöffel Zitronensaft,
Worcestersauce, Tabasco,
Salz, Pfeffer aus der Mühle

Einige Eiswürfel in einen Shaker geben. Die Zutaten hinzufügen und gut schütteln. Mit dem Eis in ein Longdrinkglas füllen.

Bobby Fitz

4 cl Jameson Irish Whiskey,
1/2 Barlöffel Pastis,
1/2 Barlöffel Orangen-Likör,
3 Spritzer Maraschino-Likör,
1 Spritzer Angostura,
1/2 Orangenscheibe (unbehandelt),
1 grüne Olive

Einige Eiswürfel in einen Shaker geben. Irish Whiskey, Pastis, Orangen-Likör, Maraschino-Likör und Angostura hinzufügen, schütteln und in ein Cocktailglas abseihen. Orangenscheibe und Olive in das Glas geben.

Drambuie Cocktail

2 cl Drambuie,
2 cl Vermouth Dry,
2 cl Gordon's Dry Gin

Einige Eiswürfel in ein Rührglas geben. Drambuie, Vermouth Dry und Gin hinzufügen, kurz rühren und in eine kleine Cocktailschale oder ein Sektglas abseihen.

Balmor Egg Nog

1 Ei, 1 Barlöffel Puderzucker, 2 cl Weinbrand, 2 cl brauner Rum, 2 cl Madeira, 4 cl Milch, geriebene Muskatnuß

Einige Eiswürfel in einen Shaker geben. Ei, Puderzucker, Weinbrand, Rum, Madeira und Milch hinzufügen, gut schütteln und in ein Longdrinkglas abseihen, mit etwas Muskatnuß bestreuen.

TIP

Das Auge trinkt mit: Dekorieren Sie deshalb phantasievoll, aber farblich passend und der Art des Drinks angemessen.

Red Balloon

Saft 1/2 Zitrone, 4 cl Arrak, 2 cl Jamaika Rum, 1 cl Grenadine-Sirup, 2 Bananenscheiben, 3 Cocktail-Kirschen, 1 Zweig Zitronenmelisse

Ein Ballonglas zur Hälfte mit fein zerstoßenem Eis füllen. Zitronensaft, Arrak, Rum, Grenadine-Sirup hinzufügen und rühren. Bananenscheiben, Cocktailkirschen und Zitronenmelisse auf einen Sticker spießen und auf das Glas legen.

Golden Lemonade

1 Eigelb, 2 Barlöffel Puderzucker, 4 cl Zitronensaft, Sodawasser

Einige Eiswürfel in einen Shaker geben: Eigelb, Puderzucker und Zitronensaft hinzufügen und gut schütteln. In ein mit 2 Eiswürfeln gefülltes Longdrinkglas abseihen. Mit Sodawasser auffüllen.

Rocky Mountain

1 Eigelb, 2 cl süße Sahne, 1 Spritzer Angostura, 2 cl Grenadine-Sirup, 2 cl Zitronensaft, 2 cl Orangensaft, 4 cl Maracujasaft

Einige Eiswürfel in einen Shaker geben. Die Zutaten hinzufügen und gut schütteln. In ein Longdrinkglas abseihen.

Prairie Oyster II

6 cl Tomatensaft, je einige Tropfen Rotweinessig und Tabasco, 2 Spritzer Worcestersauce, Pfeffer, 1 Eigelb

Den Tomatensaft mit Essig, Tabasco, Worcestersauce und Pfeffer würzen und in eine Sektschale gießen. Das Eigelb vorsichtig hineingeben.

Zitronen-Flip *(Foto)*

Zitronensaft, roter Zucker, 1 Eigelb, 4 Barlöffel Puderzucker, 2 cl Zitronensaft

Ein Sektglas mit dem Rand zuerst in den Zitronensaft, dann in den roten Zucker tauchen. Einige Eiswürfel in einen Shaker geben. Eigelb, Zucker und Zitronensaft hinzufügen, gut schütteln und in das Glas abseihen.

Boris Special *(Foto)*

1 Eigelb, 2 cl süße Sahne, 1 cl Zitronensaft, 4 cl Ananassaft, 2 cl Orangensaft, 4 cl Curaçao Blue (ohne Alkohol), 1 Stück Ananas, 1 Cocktailkirsche

Einige Eiswürfel in einen Shaker geben. Eigelb, Sahne, Säfte und Curaçao hinzufügen, gut schütteln und in ein Glas abseihen. Mit Ananas und Kirsche garnieren.

Florida

1 Eigelb, 2 cl Grenadine-Sirup, 2 cl Zitronensaft, je 4 cl Ananas- und Orangensaft, 1/2 Orangenscheibe, 1 Stück Ananas, 2 grüne Kirschen

Einige Eiswürfel in einen Shaker geben. Eigelb, Grenadine, Zitronen-, Ananas- und Orangensaft hinzufügen, schütteln und in ein Longdrinkglas abseihen. Orangenscheibe, Ananas und Kirschen auf einen Sticker spießen, in das Glas geben.

TIP

Cocktails einmal ganz sanft, nämlich ohne Alkohol: für alle, die nicht wollen oder dürfen.

Blaue Stunde am Nachmittag: Klassiker zum Relaxen

Blue Angel *(Foto S. 50/51)*

1 cl Curaçao Blue,
2 cl Parfait Amour,
1 cl Kirschwasser,
2 cl süße Sahne

Einige Eiswürfel in einen Shaker geben. Die Zutaten hinzufügen, gut schütteln und in ein Cocktailglas abseihen.

Blue Dream *(Foto S. 50/51)*

2 cl Gordon's Dry Gin,
2 cl Curaçao Blue,
1 cl Zitronensaft,
1 Cocktailkirsche

Einige Eiswürfel in einen Shaker geben. Gin, Curaçao und Zitronensaft hinzufügen, schütteln und in ein Cocktailglas abseihen. Die Kirsche auf einen Sticker spießen und in das Glas geben.

Corcovado *(Foto S. 50/51)*

Zitronensaft,
grüner Zucker,
2 cl Curaçao Blue,
2 cl Tequila,
1 cl Drambuie,
Zitronen-Limonade

Ein Kelchglas mit dem Rand zuerst in den Zitronensaft, dann in den grünen Zucker tauchen und etwas zerstoßenes Eis hineingeben. Einige Eiswürfel in einen Shaker geben. Curaçao, Tequila und Drambuie hinzufügen, gut schütteln und in das Glas abseihen. Mit etwas Zitronen-Limonade auffüllen.

Blue Lagoon *(Foto S. 50/51)*

4 cl Finlandia Vodka,
2 cl Curaçao Blue,
1 Barlöffel Zitronensaft, Zitronen-Limonade,
1 Zitronenscheibe,
1 Cocktailkirsche

Einige Eiswürfel in einen Shaker geben. Vodka, Curaçao und Zitronensaft hinzufügen, schütteln und mit dem Eis in ein Longdrinkglas geben. Mit etwas Zitronen-Limonade auffüllen und mit Zitronenscheibe und Cocktailkirsche garnieren.

Honeymoon Cocktail

2 cl Bénédictine,
3 cl Calvados Morin,
1 cl Zitronensaft,
1 Curaçao Orange

Einige Eiswürfel in einen Shaker geben. Die Zutaten hinzufügen und schütteln. In ein Cocktailglas abseihen.

Southern Sunset

2 cl Southern Comfort,
2 cl weißer Bacardi Rum,
1 cl Grapefruitsaft,
2 Spritzer Grenadine-Sirup

Einige Eiswürfel in einen Shaker geben. Die Zutaten hinzufügen, schütteln und in ein Cocktail-Glas abseihen.

TIP

Cocktails in der Dämmerstunde dienen der Entspannung. Ihr Alkoholgehalt sollte daher wohl dosiert sein.

Charly's Cocktail

3 cl Scotch Whisky,
2 cl Apricot Brandy,
1 cl Zitronensaft,
2 Spritzer Orangen-Bitter, 1 Cocktailkirsche

Einige Eiswürfel in einen Shaker geben. Whisky, Aprikot Brandy, Zitronensaft und Orangen-Bitter hinzufügen und schütteln. In ein Cocktailglas abseihen und die Kirsche hinzufügen.

Kirschblüten Cocktail

Cherry Brandy,
Puderzucker,
3 cl Weinbrand,
2 cl Cherry Brandy,
1 Barlöffel Curaçao Orange,
1 Barlöffel Grenadine-Sirup, 1 Barlöffel Zitronensaft, 1 Cocktailkirsche

Ein Cocktailglas mit dem Rand zuerst in Cherry Brandy, dann in Puderzucker tauchen. Einige Eiswürfel in einen Shaker geben. Weinbrand, Cherry Brandy, Curaçao, Grenadine und Zitronensaft hinzufügen, schütteln und in das Cocktailglas abseihen. Die Kirsche hinzufügen.

White Cloud

1 Eiweiß, 4 cl weißer Bacardi Rum,
2 cl Triple Lime-Likör,
2 Spritzer Orangen-Bitter, 1 Barlöffel Ananassaft, 1 Barlöffel Grapefruitsaft,
1 Barlöffel Zitronensaft

Einige zerstoßene Eiswürfel in einen Shaker geben. Die Zutaten hinzufügen und gut schütteln. In eine mit etwas zerstoßenem Eis gefüllte Sektschale abseihen.

Mint Julep

4 Minzeblätter, 1 Barlöffel Puderzucker,
5 cl Bourbon Whiskey,
1 Orangenscheibe, 1 Minzezweig

Die Minzeblätter mit Puderzucker und etwas Wasser in einem großen Whisky-Glas zerdrücken und etwas rühren. Die Blätter entfernen und das Glas zu Dreiviertel mit fein zerstoßenem Eis füllen. Den Whiskey hinzufügen, gut rühren und mit Orangenscheibe und Minzezweig garnieren.

Derby Fizz

2 cl Zitronensaft,
1 Barlöffel Puderzucker,
1 Ei, 4 cl Scotch Whisky,
1 cl Curaçao Triple Sec,
Sodawasser, 1 Cocktailkirsche,
1 Zitronenscheibe

Einige Eiswürfel in einen Shaker geben. Zitronensaft, Puderzukker, Ei, Whisky, Curaçao hinzufügen und schütteln. Mit dem Eis in ein Longdrinkglas geben und mit etwas Sodawasser auffüllen. Mit der Kirsche und Zitronenscheibe garnieren.

TIP

Harmonie in Geschmack und Farbe – um Gaumen und Auge zu schmeicheln – ist die beste Voraussetzung für einen gelungenen Cocktail.

Manhattan

4 cl Canadian Club Whisky,
2 cl Vermouth Rot,
1 Spritzer Angostura,
1 Cocktailkirsche

Einige Eiswürfel in ein Rührglas geben. Whisky, Vermouth und Angostura hinzufügen, rühren und in ein Cocktailglas abseihen. Die Kirsche hinzufügen.

Golden Fizz

2 cl Zitronensaft,
1 Barlöffel
Puderzucker,
1 Eigelb,
4 cl Gordon's Dry Gin,
Sodawasser

Einige Eiswürfel in einen Shaker geben. Zitronensaft, Puderzukker, Eigelb und Gin hinzufügen, schütteln und mit dem Eis in ein kleines Longdrinkglas geben, mit Sodawasser auffüllen.

Canadian Sunset

4 cl Canadian Club Whisky,
1 Barlöffel Zitronensaft,
1 Barlöffel Grenadine-Sirup,
Bitter Grapefruit

Einige Eiswürfel in einen Shaker geben. Whisky, Zitronensaft und Grenadine-Sirup hinzufügen und schütteln. In ein Longdrinkglas abseihen und mit etwas Bitter Grapefruit auffüllen.

Black Jack Cocktail

2 cl Kirschwasser,
1 cl Weinbrand, 1 Barlöffel feiner Zucker,
4 cl eiskalter,
starker Kaffee

Einige Eiswürfel in einen Shaker geben. Die Zutaten hinzufügen und schütteln. Mit dem Eis in ein Whisky-Glas abgeben.

Casablanca

3 cl Finlandia Vodka,
2 cl Eierlikör,
2 cl Zitronensaft,
4 cl frisch gepreßter
Orangensaft

Einige Eiswürfel in einen Shaker geben. Die Zutaten hinzufügen und gut schütteln. Ein Longdrinkglas zur Hälfte mit zerstoßenem Eis füllen und den Cocktail in das Glas abseihen.

TIP

Cocktails, deren Zutaten sich leicht verbinden, werden entweder direkt im Glas zubereitet oder im Rührglas auf viel Eis vorsichtig gerührt.

Old Fashioned

1 Stück Würfelzucker, Angostura, 1 Barlöffel Wasser,
4 cl Canadian Club Whisky, Zitronenschale (unbehandelt),
1/4 Orangenscheibe, 1/2 Zitronenscheibe, 1 Cocktailkirsche

Zucker in ein Whisky-Glas geben, mit Angostura tränken. Wasser dazugeben, den Zucker zerdrücken und rühren. 3–4 Eiswürfel und den Whisky hinzufügen, rühren und mit Zitronenschale abspritzen. Mit Orangen- und Zitronenscheibe und Cocktailkirsche garnieren.

Blue Lady

1/2 Eiweiß,
2 cl Weinbrand,
2 cl Curaçao Blue,
1 cl Zitronensaft

Einige Eiswürfel in einen Shaker geben. Die Zutaten hinzufügen und schütteln. In ein Cocktailglas abseihen.

Finnish Virgin

5 cl Finlandia Vodka,
1 Barlöffel Orangensaft,
1 Barlöffel Mandel-Sirup,
1 Barlöffel Limettensaft,
1 Cocktailkirsche

Einige Eiswürfel in einen Shaker geben. Vodka, Orangensaft, Mandel-Sirup und Limettensaft hinzufügen und gut schütteln. In ein Cocktailglas abseihen, die Kirsche dazugeben.

Chapala Cocktail

4 cl Tequila, je 1 Barlöffel Orangen- und Zitronensaft, 1 Barlöffel Curaçao Blue, 1 Barlöffel Grenadine-Sirup, 1 Orangenscheibe

Einige Eiswürfel in einen Shaker geben. Tequila, Orangen- und Zitronensaft, Curaçao und Grenadine hinzufügen, schütteln und in ein Cocktailglas abseihen. Die Orangenscheibe hineingeben.

Clover Club

1 Eiweiß, 1 cl Zitronensaft, 1 Barlöffel Grenadine-Sirup,
4 cl Gordon's Dry Gin

Einige Eiswürfel in einen Shaker geben. Die Zutaten hinzufügen, schütteln und in ein Cocktailglas abseihen.

Quiet Sunday

2 cl Finlandia Vodka,
1 cl Amaretto di Saronno Originale,
2 cl frisch gepreßter Orangensaft,
1 Spritzer Grenadine-Sirup

Einige Eiswürfel in einen Shaker geben. Vodka, Amaretto und Orangensaft hinzufügen und schütteln. In ein Cocktailglas abseihen und den Grenadine-Sirup hinzufügen.

TIP

Perfekt serviert sind Klassiker wie dieser Side Car in dünnwandigen farblosen Gläsern und ganz schlicht ohne Garnitur.

Side Car

2 cl Orangen-Likör,
4 cl Cognac Hine,
1 cl frisch gepreßter Zitronensaft

Einige Eiswürfel in einen Shaker geben. Orangen-Likör, Cognac und Zitronensaft hinzufügen. Gut schütteln und den Cocktail in ein vorgekühltes Cocktail- oder Sektglas abseihen.

Whisky Sour

Saft 1/2 Zitrone,
1 Barlöffel Puderzucker,
5 cl Canadian Club Whisky,
1/2 Orangenscheibe,
1 Cocktailkirsche

Einige Eiswürfel in einen Shaker geben. Zitronensaft, Puderzukker und Whisky hinzufügen, schütteln und in ein Sour-Glas (oder einen Sekt-Kelch) abseihen. Die Orangenscheibe und die Cocktailkirsche hinzufügen.

Green Devil

3 cl Gin, 3 cl Crème
de Menthe Grün, 1 Barlöffel
Lime Juice, 1 Minzezweig

Einige Eiswürfel in einen Shaker geben. Gin, Crème de Menthe und Lime Juice hinzufügen, schütteln und mit dem Eis in ein Whisky-Glas geben. Den Minzezweig hinzufügen.

Gin Fizz

2 cl Zitronensaft,
2 Barlöffel Puderzucker,
5 cl Gin, Sodawasser,
Zitronenscheibe

Einige Eiswürfel in einen Shaker geben. Zitronensaft, Zucker, Gin hinzufügen, gut schütteln. In ein Longdrinkglas abseihen und mit Sodawasser auffüllen. Mit der Zitronenscheibe garnieren.

Rickey's

3 cl Gin,
1 cl Zitronensaft,
1 Barlöffel Zitronen-Sirup,
Sodawasser

Einige Eiswürfel in einen Shaker geben. Gin, Zitronensaft und Zitronensirup hinzufügen und schütteln. In ein Cocktailglas abseihen und mit etwas Sodawasser auffüllen.

A. A. Collins

4 cl Gin, 2 cl Apricot-Brandy,
2 Barlöffel Anis-Likör,
1 Barlöffel Zitronensaft, Sodawasser

Einige Eiswürfel in einen Shaker geben. Gin, Apricot Brandy, Anis-Likör, Zitronensaft hinzufügen, schütteln und mit dem Eis in ein Longdrinkglas geben, mit Sodawasser auffüllen.

TIP

Zur Collins-Familie gehören noch Joe, Pierre, Jack und Pedro – je nachdem, ob die Verbindung mit Vodka, Cognac, Calvados oder weißem Rum entsteht.

Tom Collins

5 cl Gin, 3 cl Zitronen- oder Limettensaft, 1 cl Zucker-Sirup, Sodawasser, 1 Zitronenscheibe, 1 Cocktailkirsche

Einige Eiswürfel in einen Shaker geben. Gin, Zitronen- oder Limettensaft und Zucker-Sirup hinzufügen, gut schütteln und mit den Eiswürfeln in ein Longdrinkglas geben. Mit Sodawasser auffüllen, mit Zitronenscheibe und Kirsche garnieren.

FROM ENGLAND
GORDON'S
ESTD
1769
TRADE MARK
DRY GIN
DISTILLERY
LONDON
ENGLAND
MARCA REGISTRADA
DISTILLED IN LONDON
TANQUERAY GORDON & Co LTD

Daiquiri

4 cl weißer Bacardi Rum,
2 cl Zitronensaft,
1 Barlöffel Zucker-Sirup

Einige Eiswürfel in einen Shaker geben. Die Zutaten hinzufügen, gut schütteln und in eine gekühlte Cocktailschale abseihen.

Margarita

Zitronensaft, Salz,
4 cl Tequila, 1 cl Orangen-Likör, 1 cl Zitronensaft

Ein Cocktailglas mit dem Rand zuerst in den Zitronensaft, dann in das Salz tauchen. Einige Eiswürfel in einen Shaker geben. Tequila, Orangen-Likör und Zitronensaft hinzufügen, schütteln und in das Glas abseihen.

Tequila Matador

4 cl Tequila,
3 cl Ananassaft,
1 cl Lime Juice

Einige Eiswürfel in einen Shaker geben. Die Zutaten hinzufügen, schütteln und in ein Sekt- oder Cocktailglas abseihen.

Café de Paris

3 cl Gordon's Dry Gin,
1 cl Anis-Likör,
2 cl süße Sahne

Einige Eiswürfel in einen Shaker geben. Die Zutaten hinzufügen, schütteln und in ein kleines Cocktailglas abseihen.

Originale of Italy

2 cl Amaretto di Saronno Originale,
2 cl Vermouth Rot,
2 cl Brandy, 1/2 Orangenscheibe, 1/2 Zitronenscheibe

Einige Eiswürfel in ein Whisky-Glas geben. Amaretto, Vermouth und Brandy hinzufügen, rühren und mit Orangen- und Zitronenscheibe garnieren.

Ferrari Cocktail

4 cl Vermouth Weiß,
2 cl Amaretto di Saronno Originale,
etwas abgeriebene Zitronenschale (unbehandelt)

Einige Eiswürfel in einen Shaker geben. Die Zutaten hinzufügen, schütteln und in eine Cocktailschale abseihen.

TIP

Säfte, Sirups, Sahne und Eier – also Substanzen, die sich schwer verbinden – werden im Shaker auf Eiswürfeln 10 bis 20 Sekunden kräftig geschüttelt.

Beau Rivage

2 cl weißer Bacardi Rum,
2 cl Vermouth Dry, 2 cl Vermouth Rot,
1 Spritzer Grenadine-Sirup, 2 cl Orangensaft,
1/4 Orangenscheibe, 1 Cocktailkirsche

Einige Eiswürfel in einen Shaker geben. Die Zutaten hinzufügen, gut schütteln und in eine vorgekühlte Cocktailschale abseihen. Mit Orangenscheibe und Cocktailkirsche garnieren.

Sommerfeste: Fruchtig-Leichtes für lange Nächte

Masquerade *(Foto S. 62/63)*

4 cl Southern Comfort,
2 cl Zitronensaft,
1 cl Grenadine-Sirup,
Mineralwasser, 1 Orangenscheibe, 2 Cocktailkirschen

Einige Eiswürfel in einen Shaker geben. Southern Comfort, Zitronensaft und Grenadine-Sirup hinzufügen und schütteln. 2–3 Eiswürfel in ein Longdrinkglas geben, den Drink in das Glas abseihen und mit etwas Mineralwasser auffüllen. Die Orangenscheibe halbieren, mit den Kirschen auf einen Sticker spießen und in das Glas geben.

Apricot Blossom
(Foto S. 62/63)

3 cl Gordon's Dry Gin,
2 cl Barack Liqueur
(Aprikosen-Likör),
1 Cocktailkirsche

Einige Eiswürfel in ein Rührglas geben. Gin und Barack Liqueur hinzufügen und rühren. Etwas zerstoßenes Eis in eine Cocktailschale füllen und den Cocktail in das Glas abseihen. Die Kirsche hineingeben.

TIP

Die Sommerzeit ist die Zeit der fruchtigen Longdrinks, phantasievoll gemixt und mit einem Hauch von Exotik.

Sunny *(Foto S. 62/63)*

2 cl Gordon's Dry Gin,
3 cl weißer Bacardi Rum,
1 cl Barack Liqueur
(Aprikosen-Likör), 2 cl
Maracujasaft, 2 cl
frisch gepreßter Orangensaft, 1 cl Grenadine-Sirup,
1 Orangenscheibe, 1 Cocktailkirsche, Zitronenmelisse

Einige Eiswürfel in einen Shaker geben. Gin, Bacardi Rum, Likör, Maracuja- und Orangensaft und Grenadine-Sirup hinzufügen und schütteln. Mit dem Eis in ein Longdrinkglas geben und mit der Orangenscheibe, Kirsche und Zitronenmelisse garnieren.

Soft Lady *(Foto S. 62/63)*

4 cl Gordon's Dry Gin,
2 cl Barack Liqueur,
2 cl Zitronensaft,
1 Orangenscheibe

Einige Eiswürfel in ein Rührglas geben. Gin, Barack Liqueur und Zitronensaft hinzufügen und rühren. 2–3 Eiswürfel in ein Whisky-Glas geben und den Cocktail in das Glas abseihen. Mit der Orangenscheibe garnieren.

Jungle Bird

4 cl Tequila,
1 cl Barack Liqueur,
je 1 cl Maracuja-, Orangen-,
Ananas- und Zitronensaft,
1/2 Orangenscheibe,
1 grüne Cocktailkirsche

Einige Eiswürfel in einen Shaker geben. Tequila, Barack-Liqueur und die Säfte hinzufügen, schütteln und in eine Sektschale abseihen. Den Cocktail mit der Orangenscheibe und der Cocktailkirsche garnieren.

Caribbean Champagne

1/2 Barlöffel weißer Bacardi Rum, 1/2 Barlöffel Bananen-Likör, Champagner Bollinger, 1 Bananenscheibe

Bacardi Rum und Bananen-Likör in eine Sektschale geben, mit Champagner auffüllen und die Bananenscheibe hineingeben.

Tropical Cream

4 cl Pisang Ambon, 2 cl weißer Bacardi Rum, 5 cl frisch gepreßter Orangensaft, 2 cl süße Sahne, 1 Minzezweig

Einige Eiswürfel in einen Shaker geben. Pisang Ambon, Bacardi Rum, Orangensaft und Sahne hinzufügen und gut schütteln. In ein Cocktailglas abseihen, mit Minze garnieren.

Green Coconut

4 cl Pisang Ambon, 4 cl Cream of Coconut

Einige Eiswürfel in einen Shaker geben. Die Zutaten hinzufügen und schütteln. Ein bauchiges Glas zur Hälfte mit zerstoßenem Eis füllen, den Cocktail in das Glas abseihen.

Banana Daiquiri

4 cl weißer Bacardi Rum, 1 Barlöffel Curaçao Triple Sec, 1 Barlöffel Bananen-Likör, 1 kleine, reife Banane, 1 Barlöffel Zitronensaft

Die Zutaten mit einer Tasse fein zerstoßenem Eis in einen Mixer geben, auf höchster Stufe mixen und in ein Ballonglas füllen.

Bahama Star

3 cl weißer Bacardi Rum, 2 cl Pisang Ambon, 5 cl Bananensaft, 5 cl frisch gepreßter Orangensaft, 1/2 Limette (unbehandelt), 1 Minzezweig

Einige Eiswürfel in einen Shaker geben. Bacardi Rum, Pisang Ambon, Bananen- und Orangensaft hinzufügen und schütteln. Etwas zerstoßenes Eis in ein Longdrinkglas füllen. Den Cocktail in das Glas abseihen. Die Limette darüber ausdrücken und hinzufügen. Mit dem Minzezweig garnieren.

Red Sunshine

3 cl Gordon's Dry Gin, 2 cl Crème de Cassis Boudier, 2 cl Zitronensaft, Sodawasser, 1 Limettenscheibe (unbehandelt)

Einige Eiswürfel in einen Shaker geben. Gin, Cassis und Zitronensaft hinzufügen und schütteln. In ein mit 2 Eiswürfeln gefülltes Longdrinkglas abseihen und mit etwas Sodawasser auffüllen. Die Limettenscheibe hinzufügen.

TIP

Getränke wie Sekt, Limonaden und Wässer wegen der Kohlensäure niemals mitschütteln oder -rühren, sondern immer nur zum Auffüllen der Drinks verwenden.

Brandy Cobbler

1 Barlöffel Puderzucker,
5 cl Weinbrand

Den Puderzucker mit wenig Wasser in einem Cobbler- oder Rotweinglas auflösen und das Glas zu Dreiviertel mit fein zerstoßenem Eis füllen. Den Weinbrand dazugeben und rühren.

Scorpion Lady

4 cl weißer Bacardi Rum,
2 cl Brandy, 1 1/2 cl
Amaretto di Saronno Originale,
3 cl Zitronensaft,
4 cl frisch gepreßter Orangensaft,
Zitronenmelisse

Bacardi Rum, Brandy, Amaretto, Zitronen- und Orangensaft mit einer Tasse fein zerstoßenem Eis in einen Mixer geben und bei höchster Stufe mixen. In eine große Sektschale füllen und mit Zitronenmelisse garnieren.

Hemingway

6 cl weißer Bacardi Rum,
1 Barlöffel Maraschino-Likör, 1 Barlöffel Zitronensaft, 1 Barlöffel Grapefruitsaft

Eine Tasse sehr fein zerstoßenes Eis in einen Shaker geben. Die Zutaten hinzufügen, schütteln und in eine große Sektschale füllen.

Champagner Cobbler

3 Spritzer Orangen-Likör,
3 Spritzer Maraschino-Likör, 3 Spritzer Cognac Hine,
Champagner Bollinger

Ein Cobbler- oder ein Rotweinglas zu Dreiviertel mit zerstoßenem Eis füllen. Orangen-Likör, Maraschino und Cognac hinzufügen und mit Champagner auffüllen.

Frozen Margarita

Zitronensaft, Salz,
4 cl Tequila,
1 cl Orangen-Likör,
2 cl Zitronensaft,
2 Barlöffel Puderzucker

Ein Ballonglas mit dem Rand zuerst in den Zitronensaft, dann in das Salz tauchen. Tequila, Orangen-Likör, Zitronensaft und Puderzucker mit 1 Tasse fein zerstoßenem Eis in einen Mixer geben. Auf höchster Stufe mixen und in das Ballonglas füllen.

TIP

Das Beste ist gerade gut genug: nehmen Sie zum Mixen deshalb nur erstklassige Spirituosen und frische Säfte.

Frozen Daiquiri

5 cl weißer Bacardi Rum,
3 cl Zitronensaft, 1 cl Zucker-Sirup,
2 cl Curaçao Triple Sec,
Limettenschale (unbehandelt)

Bacardi Rum, Zitronensaft, Sirup und Curaçao mit einer Tasse fein zerstoßenem Eis in einen Mixer geben, auf höchster Stufe mixen, in eine Sektschale füllen und mit Limettenschale garnieren.

Harvey Wallbanger

*4 cl Vodka,
6 cl frisch gepreßter Orangensaft,
2 cl Galliano-Likör,
1 Cocktailkirsche*

3–4 Eiswürfel in ein Longdrinkglas geben. Vodka und Orangensaft dazugeben, rühren und den Likör darüber gießen. Mit der Kirsche garnieren.

Harry's Eyes

*4 cl Bacardi Rum Gold,
2 cl Apricot Brandy,
1 cl Curaçao Orange,
1 Barlöffel Zitronensaft, 1 Eiweiß*

Einige Eiswürfel in einen Shaker geben. Die Zutaten hinzufügen und gut schütteln. Mit dem Eis in ein Whisky-Glas füllen.

Man Club

*4 cl Gordon's Dry Gin,
1 cl Amaretto di Saronno Originale, 1 Barlöffel Zitronensaft,
8 cl Aprikosensaft,
2 Cocktailkirschen*

Einige Eiswürfel in einen Shaker geben. Gin, Amaretto, Zitronen- und Aprikosensaft hinzufügen, schütteln und mit dem Eis in ein Longdrinkglas füllen. Die Kirschen dazugeben.

Boatsman

*4 cl Vodka,
2 cl Cherry Brandy,
frisch gepreßter Orangensaft, 1 Orangenscheibe (unbehandelt)*

3–4 Eiswürfel in ein Longdrinkglas geben. Vodka und Cherry Brandy hinzufügen, mit Orangensaft auffüllen und die Orangenscheibe hinzufügen.

Summer Night

*4 cl Finlandia Vodka,
2 cl Southern Comfort,
1 cl Ahorn-Sirup,
6 cl Grapefruitsaft,
2 cl Limetten- oder Zitronensaft*

Einige Eiswürfel in einen Shaker geben. Die Zutaten hinzufügen, schütteln und mit dem Eis in ein Longdrinkglas füllen.

Nordic Dreams

*2 cl Vodka, 1 cl Maracujasaft,
1 cl Limettensaft, 1 Spritzer Grenadine-Sirup, 4 cl Orangensaft, 1 Limettenscheibe, 1 Cocktailkirsche*

Einige Eiswürfel in ein Rührglas geben. Vodka, Maracuja- und Limettensaft, Grenadine-Sirup und Orangensaft hinzufügen und rühren. In ein mit 2–3 Eiswürfeln gefülltes Longdrinkglas abseihen und mit Limettenscheibe und Cocktailkirsche garnieren.

TIP

Der dunkelrote Grenadine-Sirup, aus dem Saft des Granatapfels gewonnen, dient bei vielen Drinks zur Farbgebung und Geschmacks-Abrundung.

FINLANDI
40% VOL • DISTILLED FROM GRAIN •
DISTILLED AND BOTTLED
BY RAJAMÄKI DISTILLERY (ESTD. 1888) OY ALKO AB
Vodka of Finlan
IMPORT: CHARLES HOSIE GmbH,
FINNISCHES ERZEUGNIS

Tampico Highball

4 cl Campari, 1 cl Orangen-Likör, Tonic-Water, 1 Zitronenscheibe

3–4 Eiswürfel in ein Longdrinkglas geben. Campari und Orangen-Likör hinzufügen, rühren und mit Tonic-Water auffüllen. Die Zitronenscheibe hinzufügen.

Caribic Queen

3 cl weißer Bacardi Rum,
1 cl Rum (73 %),
1 cl Maracuja-Likör,
1 Barlöffel Kokosnuß-Likör,
1 Spritzer Angostura,
1 Spritzer Orangen-Bitter,
1/2 Barlöffel Grenadine-Sirup, je 1 cl Ananas- Orangen- und Zitronensaft

Einige Eiswürfel in einen Shaker geben. Die Zutaten hinzufügen, schütteln und in eine Sektschale abseihen.

Tropic Fire

4 cl Finlandia Vodka,
1 cl Southern Comfort,
1 cl Maracujasaft,
1 Spritzer Zitronensaft

Einige Eiswürfel in einen Shaker geben. Vodka, Southern Comfort, Maracuja- und Zitronensaft hinzufügen, schütteln und in eine vorgekühlte Cocktailschale abseihen.

Tallyman's Drink

3 cl Jamaika-Rum,
1 cl Bananen-Likör,
1 cl Orangensaft,
1 Barlöffel Zitronensaft,
1 Zitronenscheibe

Einige Eiswürfel in einen Shaker geben. Die Zutaten hinzufügen und schütteln, in ein Whisky-(Old Fashioned-)Glas abseihen, mit der Zitronenscheibe garnieren.

Piña Colada

4 cl weißer Bacardi Rum, 2 cl Cream of Coconut, 1 cl Ananassaft, 1 Barlöffel fein gehackte Ananas, 1 Stück Ananas, 1 Cocktailkirsche

Bacardi Rum, Cream of Coconut, Ananassaft und Ananasfleisch mit einer Tasse fein zerstoßenem Eis in einen Mixer geben. Mixen und in ein Cocktailglas füllen. Mit Ananas und Kirsche garnieren.

TIP

Zerstoßenes Eis ist schnell zubereitet: einige Eiswürfel in ein festes Tuch geben und mit einem Holzhammer zerkleinern.

Green Garuda

Zitronensaft, gelber Zucker, 2 cl Pisang Ambòn, 4 cl weißer Bacardi Rum, Zitronen-Limonade

Ein Cocktailglas mit dem Rand zuerst in Zitronensaft, dann in den Zucker tauchen. Etwas zerstoßenes Eis in ein Rührglas geben. Pisang Ambon und Bacardi Rum hinzufügen, rühren und in das Glas geben. Mit etwas Zitronen-Limonade auffüllen.

White Plush

4 cl Scotch Whisky,
6 cl Milch, 1 Barlöffel
Puderzucker

Einige Eiswürfel in einen Shaker geben. Die Zutaten hinzufügen, schütteln und in ein Longdrinkglas abseihen.

Duke Cocktail

2 cl Curaçao Triple Sec,
1 Barlöffel Orangensaft,
1 Barlöffel Zitronensaft,
1/2 Barlöffel Maraschino-Likör, 1 Ei,
Champagner Bollinger

Einige Eiswürfel in einen Shaker geben. Curaçao, Orangen- und Zitronensaft, Maraschino und Ei hinzufügen, gut schütteln und in eine große Sektschale abseihen. Mit Champagner auffüllen.

Jungle Juice

2 cl Gordon's Dry Gin,
2 cl Pisang Ambon,
1 cl Apricot Brandy,
2 cl Zitronensaft,
2 cl Orangensaft,
1 Orangenscheibe

Einige Eiswürfel in einen Shaker geben. Gin, Pisang Ambon, Apricot Brandy, Zitronen- und Orangensaft hinzufügen und schütteln. In eine Sektschale abseihen und die Orangenscheibe hinzufügen.

Blue Haiwaii

2 cl weißer Bacardi Rum,
2 cl Curaçao Blue,
1 cl Orangen-Likör,
1 cl süße Sahne

Einige Eiswürfel in einen Shaker geben. Die Zutaten hinzufügen, gut schütteln und in ein Cocktailglas abseihen.

Malayen Sling

Saft einer Zitrone,
1/2 Barlöffel Puderzucker,
5 cl Gordon's Dry Gin,
1 cl Cherry Brandy,
1 Spritzer Angostura,
1 cl Bénédictine-Likör

Einige Eiswürfel in einen Shaker geben. Zitronensaft, Zucker, Gin, Cherry Brandy und Angostura hinzufügen, schütteln und mit dem Eis in ein Longdrinkglas geben. Likör darüber gießen.

TIP

Longdrinks werden auf Eiswürfeln in hohen Gläsern mit Strohhalm oder Rührstäbchen serviert. Die Garnitur darf phantasievoll sein.

Singapore Sling

6 cl Gordon's Dry Gin, Saft 1/2 Zitrone, 1 Barlöffel Zucker-Sirup,
1 Spritzer Grenadine-Sirup, Sodawasser,
2 cl Cherry Brandy, 1 Zitronenscheibe (unbehandelt)

Einige Eiswürfel in einen Shaker geben. Gin, Zitronensaft, Zucker- und Grenadine-Sirup hinzufügen, gut schütteln und in ein mit 2–3 Eiswürfeln gefülltes Longdrinkglas abseihen. Mit Sodawasser auffüllen, Cherry Brandy und Zitronenscheibe dazugeben.

Take Five

3 cl Gordon's Dry Gin,
2 cl Zucker-Sirup,
3 cl Zitronensaft,
1 cl Orangensaft,
1 cl Grenadine-Sirup

Einige Eiswürfel in einen Shaker geben. Die Zutaten hinzufügen, schütteln und in ein Cocktailglas abseihen.

Eliza's Dream

3 cl Gordon's Dry Gin,
1 cl Barack Liqueur,
1 1/2 cl Curaçao Blue,
4 cl frisch gepreßter Orangensaft,
4 cl Ananassaft,
1 cl Zitronensaft

Einige Eiswürfel in einen Shaker geben. Die Zutaten hinzufügen, schütteln und in eine Cocktailschale abseihen.

Almond Colada

4 cl Amaretto di Saronno Originale, 2 cl Kokosnuß-Milch, 1 cl Zitronensaft, 2 Barlöffel fein gehackte frische Ananas

Die Zutaten mit einer Tasse fein zerstoßenem Eis in einen Mixer geben, mixen und in eine große Cocktailschale füllen.

Capri

2 cl Crème de Cacao Weiß,
2 cl Bananen-Likör,
2 cl süße Sahne, Muskatnuß

Einige Eiswürfel in einen Shaker geben. Crème de Cacao, Bananen-Likör und Sahne hinzufügen, gut schütteln und in ein Sektglas abseihen, etwas geriebene Muskatnuß darüber geben.

Chi Chi

5 cl Finlandia Vodka, 1 Barlöffel Curaçao Triple Sec, 1 Barlöffel Zitronensaft, 5 cl Ananassaft, 5 cl Cream of Coconut, 1 Minzezweig

Einige Eiswürfel in einen Shaker geben. Vodka, Curaçao, Zitronen- und Ananassaft und Cream of Coconut hinzufügen, schütteln und in ein Longdrinkglas abseihen. Zwei Eiswürfel hinzufügen und mit der Minze garnieren.

TIP

Limetten sind die kleinen Schwestern der Zitronen. Wegen ihrer frischen Säure und ihrer interessant-grünen Schale sind sie beliebt beim Mixen und Garnieren.

Green Leaves

Zitronensaft, grüner Zucker, 2 cl Pfefferminz-Sirup, 2 cl Gordon's Dry Gin, Tonic Water, 1 Limettenscheibe, 1 Minzezweig

Ein Longdrinkglas mit dem Rand zuerst in Zitronensaft, dann in den Zucker tauchen. Das Glas zur Hälfte mit Eis füllen. Sirup und Gin darüber geben und mit Tonic Water auffüllen. Mit Limettenscheibe und Minze garnieren.

Winterabende: Cocktails zum Erwärmen

Snow Ball *(Foto S. 76/77)*

4 cl Finlandia Vodka,
2 cl Amaretto di Saronno Originale, 2 cl süße Sahne, Muskatnuß

Einige Eiswürfel in einen Shaker geben. Vodka, Amaretto und Sahne hinzufügen, gut schütteln und in ein Whiskyglas abseihen. Mit etwas geriebener Muskatnuß bestreuen.

Hot Egg Nog *(Foto S. 76/77)*

1–2 Eigelb, 2 Barlöffel Honig oder brauner Zucker,
4 cl Drambuie oder 2 cl Scotch Whisky,
heiße Milch,
Muskatnuß

Eigelb mit Honig, Drambuie oder Whisky verschlagen und in ein vorgewärmtes Punchglas geben, mit heißer Milch auffüllen und mit etwas geriebener Muskatnuß bestreuen.

Butterfly Flip *(Foto S. 76/77)*

1 Eigelb, 1 Eßl. süße Sahne,
3 cl Cognac, 3 cl Crème de Cacao Braun, Kakaopulver

Einige Eiswürfel in einen Shaker geben. Eigelb, Sahne, Cognac und Crème de Cacao hinzufügen, gut schütteln und in ein Cocktailglas abseihen. Mit etwas Kakaopulver bestäuben.

Amaretto Tea

(Foto S. 76/77)

6 cl heißer Tee,
brauner Zucker,
4 cl Amaretto di Saronno Originale,
2 Eßl. geschlagene Sahne

Tee und Zucker in einem vorgewärmten Punchglas verrühren, den Amaretto dazu geben und die Sahne als Haube darauf setzen.

Bacino

4–5 cl heißer Espresso,
1 Teel. Zucker, 2 cl Amaretto di Saronno Originale

Espresso, Zucker und Amaretto in einem vorgewärmten Punchglas gut verrühren.

Arrak Punch

4 cl Arrak, 1 Barlöffel Zitronensaft, 2 Barlöffel Zucker, 150 ml Wasser

Die Zutaten in einem kleinen Kochtopf verrühren, erhitzen und in ein Punchglas füllen.

Hot Brandy Flip

1 Ei, 1 Barlöffel Puderzucker, 4 cl Weinbrand, heiße Milch, Muskatnuß

Das Ei mit Puderzucker und Weinbrand gut verschlagen, in ein vorgewärmtes Punchglas geben und mit heißer Milch auffüllen. Mit geriebener Muskatnuß bestreuen.

TIP

Geistvoll veredelter Kaffee, anregend und wohlig-wärmend, ist das richtige Getränk für frostige Wintertage.

Irish Coffee

4 cl John Jameson Irish Whiskey,
1–2 Teel. Zucker,
heißer, starker Kaffee,
2 Eßl. geschlagene Sahne

Whiskey, Zucker und Kaffee in einem vorgewärmten Irish Coffee-Glas gut verrühren und die geschlagene Sahne als Haube darauf setzen.

Café Drambuie

2–3 cl Drambuie,
1 Teel. Zucker,
heißer, starker Kaffee,
2 Eßl. geschlagene Sahne

Drambuie, Zucker und Kaffee in einem vorgewärmten Irish Coffee-Glas oder einem Punch-Glas gut verrühren und die Sahne als Haube darauf setzen.

Italian Coffee

4 cl Amaretto di Saronno
Originale, 1 Teel.
brauner Zucker,
heißer, starker Kaffee,
2 Eßl. geschlagene Sahne

Amaretto, Zucker und Kaffee in einen vorgewärmten Punch-Glas gut verrühren und die Sahne als Haube darauf setzen.

Jamaika Kaffee

2 cl Jamaika Rum,
2 cl Kaffee-Likör,
1 Teel. Zucker,
heißer, starker Kaffee,
2–3 Eßl. geschlagene Sahne

Rum und Kaffee-Likör mit dem Zucker in einem vorgewärmten Punchglas verrühren, mit Kaffee auffüllen und die Sahne als Haube darauf setzen.

Sweet Maria

2 cl Amaretto di Saronno
Originale, 3 cl Finlandia
Vodka, 1 cl süße Sahne

Einige Eiswürfel in einen Shaker geben. Die Zutaten hinzufügen, schütteln und in ein Cocktailglas abseihen.

Scottish Grog

4–5 cl Drambuie,
2 Barlöffel Zucker,
Saft 1/2 Zitrone, kochendes Wasser

Drambuie, Zucker und Zitronensaft in einem vorgewärmten Grogglas gut verrühren, mit kochendem Wasser auffüllen.

Chocolate Rum

3 cl Jamaika Rum, 1 cl
Crème de Cacao Braun,
1 cl Crème de Menthe Weiß,
2 Barlöffel süße Sahne,
1 Barlöffel Jamaika Rum (73 %)

Einige Eiswürfel in einen Shaker geben. Die Zutaten hinzufügen, gut schütteln und in ein Whisky-Glas abseihen. 2–3 Eiswürfel hinzufügen.

TIP

Heiße oder kalte Flips und Egg-Nogs können als kleine Stärkung zum Brunch oder zum Nachmittags-Tee serviert werden.

Black Vodka

4 cl Finlandia Vodka,
2 cl Kaffee-Likör

3–4 Eiswürfel in ein Old Fashioned-Glas geben. Vodka und Kaffee-Likör hinzufügen, kurz verrühren.

Golden Friendship

2 cl Amaretto di Saronno Originale,
2 cl weißer Bacardi Rum,
2 cl Vermouth Rot

Einige Eiswürfel in ein Rührglas geben. Die Zutaten hinzufügen, rühren und in ein Cocktailglas abseihen.

Adam & Eva

1 cl Amaretto di Saronno Originale,
2 cl Gordon's Dry Gin,
1 cl Drambuie,
1 cl Zitronensaft,
1 Spritzer Zuckerrohr-Sirup, 1 Spritzer Grenadine-Sirup,
1 Zitronenscheibe,
2 Cocktailkirschen

Einige Eiswürfel in einen Shaker geben. Amaretto, Gin, Drambuie, Zitronensaft, Zuckerrohr- und Grenadine-Sirup hinzufügen und schütteln. In ein Cocktailglas abseihen, mit Zitronenscheibe und Cocktailkirschen garnieren.

Harlekin

3 cl Drambuie, 2 cl Canadian Club Whisky, 1 cl Zitronensaft, Grapefruitsaft

Einige Eiswürfel in einen Shaker geben. Drambuie, Whisky und Zitronensaft hinzufügen, schütteln und mit dem Eis in ein Longdrinkglas geben. Mit etwas Grapefruitsaft auffüllen.

Casino

4 cl Gordon's Dry Gin,
2 cl Orangen-Likör,
1 cl Zitronensaft,
1 Spritzer Angostura,
1 Cocktailkirsche

Einige Eiswürfel in einen Shaker geben. Gin, Likör, Zitronensaft, Angostura hinzufügen, schütteln und in eine Cocktailschale abseihen. Die Kirsche hinzufügen.

TIP

Unentbehrlich zur Geschmacks-Abrundung vieler Cocktails ist Angostura, ein Aromatic-Bitter aus etwa vierzig Kräuter-Extrakten.

White Lily

2 cl Gordon's Dry Gin, 2 cl weißer Bacardi Rum, 2 cl Orangen-Likör, 1 Spritzer Pastis

Einige Eiswürfel in einen Shaker geben. Gin, Bacardi Rum, Orangen-Likör, und Pastis hinzufügen, schütteln und in ein Cocktailglas abseihen.

PARIS 1889
CARTA BLANCA
RUM
Ron
BACARDI
Superior
CONTENTS 70 CL.
BUFFALO 1901
MADRID 1877
PARIS 1900

Snow Flower

2 cl Apricot Brandy,
1 cl Aprikosengeist,
2 cl süße Sahne, Zimt

Einige Eiswürfel in einen Shaker geben. Apricot Brandy, Aprikosengeist und Sahne hinzufügen. Gut schütteln und in ein Cocktailglas abseihen. Mit etwas gemahlenem Zimt bestäuben.

Green Wings

4 cl Apricot Brandy,
2 cl Curaçao Blue,
1 Spritzer Zitronensaft,
4 cl süße Sahne

Einige Eiswürfel in einen Shaker geben. Die Zutaten hinzufügen und gut schütteln. In eine Cocktailschale abseihen.

Theodore

2 cl weißer Bacardi Rum,
1 cl Apricot Brandy,
2 cl Eierlikör,
2 cl frisch gepreßter Orangensaft, 4 cl Milch,
1/2 Teel. Zucker,
2 cl süße Sahne,
1/2 Orangenscheibe

Einige Eiswürfel in einen Shaker geben. Rum, Apricot Brandy, Eierlikör, Orangensaft, Milch, Zucker und Sahne hinzufügen und gut schütteln. In ein großes Cocktailglas abseihen und mit der Orangenscheibe garnieren.

Manetti

1 cl Gordon's Dry Gin,
1 cl Calvados Morin,
1 cl Orangen-Likör,
1 Spritzer Grenadine-Sirup,
1 Spritzer Zitronensaft,
2 cl süße Sahne

Einige Eiswürfel in einen Shaker geben. Die Zutaten hinzufügen, gut schütteln und in eine Cocktailschale abseihen.

Brandy Alexander

2 cl Weinbrand,
2 cl Crème de Cacao,
2 cl süße Sahne,
je 1 Messerspitze Zimt und Kakao

Einige Eiswürfel in einen Shaker geben. Weinbrand, Crème de Cacao, süße Sahne, Zimt und Kakao hinzufügen. Gut schütteln und in ein Cocktailglas abseihen.

TIP

Zucker-Sirup können Sie selbst herstellen: Zucker und Wasser im Verhältnis 1:1 aufkochen und so lange rühren, bis klarer Sirup entsteht. Abgekühlt in Flaschen aufbewahren.

New Orleans

4 cl Gordon's Dry Gin,
1 Barlöffel Eiweiß, 2 Barlöffel Zucker-Sirup, 3 Barlöffel süße Sahne

Einige Eiswürfel in einen Shaker geben. Gin, Eiweiß, Zucker-Sirup und Sahne hinzufügen, gut schütteln und in eine Cocktailschale abseihen.

Polaris

4 cl Finlandia Vodka,
2 cl Barack Liqueur,
4 cl Orangensaft,
4 cl Grapefruitsaft,
2 cl Zitronensaft

Einige Eiswürfel in einen Shaker geben. Die Zutaten hinzufügen und schütteln. 2–3 Eiswürfel in ein Longdrinkglas geben und den Drink in das Glas abseihen.

Canadian Fever

4 cl Canadian Club Whisky,
4 cl Aprikosensaft,
1 cl Zitronensaft,
Ginger Ale

Einige Eiswürfel in einen Shaker geben. Whisky, Aprikosensaft und Zitronensaft hinzufügen, schütteln und in ein Longdrinkglas abseihen. Zwei Eiswürfel hinzufügen und nach Belieben mit Ginger Ale auffüllen.

Miss Kiwi

4 cl weißer Bacardi Rum,
2 cl Zitronensaft,
2 Barlöffel Zucker-Sirup,
3 Scheiben Kiwi

Einige Eiswürfel in einen Shaker geben. Bacardi Rum, Zitronensaft und Zucker-Sirup hinzufügen und gut schütteln. 2–3 Eiswürfel in ein Longdrinkglas füllen, den Cocktail in das Glas abseihen. Zwei Kiwischeiben zerdrücken und hinzufügen. Den Cocktail umrühren, mit der übrigen Kiwischeibe garnieren.

Joker

6 cl Gordon's Dry Gin,
2 cl Zitronensaft,
1 cl Apricot Brandy,
1 Cocktailkirsche

Einige Eiswürfel in einen Shaker geben. Gin, Zitronensaft, Apricot Brandy hinzufügen und schütteln. In ein Cocktailglas abseihen und die Kirsche hinzufügen.

After Midnight

4 cl Southern Comfort,
4 cl Canadian Club Whisky,
4 cl Pfirsichsaft, 1 cl Zitronensaft

Einige Eiswürfel in einen Shaker geben. Die Zutaten hinzufügen, schütteln und mit dem Eis in ein Longdrinkglas füllen.

TIP

Rote Cocktailkirschen, mit Bittermandelöl aromatisiert, gehören – daher der Name – zur traditionellen Garnitur.

Xanthia Cocktail

2 cl Cherry Brandy, 2 cl Chartreuse Gelb,
2 cl Gordon's Dry Gin,
1 Stück Honigmelone, 2 Cocktailkirschen

Einige Eiswürfel in ein Rührglas geben. Cherry Brandy, Chartreuse und Gin hinzufügen, rühren und in eine Cocktailschale abseihen. Melone und Kirschen auf einen Sticker spießen, auf das Glas legen.

Angel's Face

3 cl Gordon's Dry Gin,
1 cl Calvados Morin,
1 cl Apricot Brandy

Einige Eiswürfel in einen Shaker geben. Die Zutaten hinzufügen, schütteln und in ein Cocktailglas abseihen.

Izcaragua

1 1/2 cl Amaretto di Saronno Originale, 1 1/2 cl Scotch Whisky, 1 1/2 cl Vermouth Dry, 1 1/2 cl Bananen-Likör

Einige Eiswürfel in einen Shaker geben. Die Zutaten hinzufügen, schütteln und in eine Cocktailschale abseihen.

Harold & Maude

Curaçao Blue, Zucker,
3 cl Amaretto di Saronno Originale, 3 cl Finlandia Vodka, 2 cl Eierlikör,
2 cl Grapefruitsaft,
2 Cocktailkirschen

Ein Cocktailglas mit dem Rand zuerst in den Curaçao, dann in den Zucker tauchen. Einige Eiswürfel in einen Shaker geben. Amaretto, Vodka, Eierlikör, Grapefruitsaft hineingeben, schütteln und in das Glas abseihen. Die Kirschen auf einen Sticker spießen, in das Glas geben.

Grand Royal

4 cl Gordon's Dry Gin,
1 1/2 cl Grenadine-Sirup,
1 cl Zitronensaft, 1 Ei

Einige Eiswürfel in einen Shaker geben. Die Zutaten hinzufügen, gut schütteln und in eine Cocktailschale abseihen.

Lady Cocktail

3 cl Canadian Whisky,
2 cl Ananassaft,
2 Spritzer Angostura,
2 Spritzer Anis-Likör,
1 Cocktailkirsche,
1 Stück Ananas

Einige Eiswürfel in einen Shaker geben. Whisky, Ananassaft, Angostura und Anis-Likör hinzufügen, schütteln und in ein Cocktailglas abseihen. Die Kirsche und Ananas auf einen Sticker spießen, den Cocktail damit garnieren.

TIP

Cream of Coconut – in Konserven angeboten – ist ein gesüßtes Kokosnuß-Konzentrat von cremiger Konsistenz.

Blue Hawaiian

Ananassaft, Kokosraspel, 3 cl weißer Bacardi Rum,
2 cl Curaçao Blue, 4 cl Ananassaft,
2 cl Cream of Coconut, etwas Ananas, 1 Cocktailkirsche

Ein Cocktailglas mit dem Rand zuerst in Ananassaft, dann in Kokosraspel tauchen. Bacardi Rum, Curaçao, Ananassaft und Cream of Coconut mit etwas zerstoßenem Eis im Mixer pürieren und in das Glas füllen. Mit Ananas und Kirsche garnieren.

Alexander No. 2 *(Foto)*

2 cl Armagnac,
2 cl Crème
de Cacao Braun,
2 cl süße Sahne,
Muskatnuß

Einige Eiswürfel in einen Shaker geben. Armagnac, Crème de Cacao und Sahne hinzufügen, gut schütteln und in ein Cocktailglas abseihen. Mit etwas geriebener Muskatnuß bestreuen.

Alexander No. 1

2 cl Gordon's Dry Gin,
2 cl Crème de Cacao Weiß,
2 cl süße Sahne,
Muskatnuß

Einige Eiswürfel in einen Shaker geben. Gin, Crème de Cacao und Sahne hinzufügen, schütteln und in ein Cocktailglas abseihen. Mit geriebener Muskatnuß bestreuen.

Nicola

2 cl Amaretto di
Saronno Originale,
2 cl Crème de Cacao Weiß,
2 cl süße Sahne,
Grenadine-Sirup

Einige Eiswürfel in einen Shaker geben. Amaretto, Crème de Cacao und Sahne hinzufügen und schütteln. Etwas Grenadine-Sirup in ein Kelchglas geben und durch Drehen im Glas verteilen. Den Cocktail in das Glas abseihen.

Rosemary's Baby

3 cl Pisang Ambon,
1 cl Amaretto
di Saronno Originale,
2 cl süße Sahne,
1 grüne Cocktailkirsche

Einige Eiswürfel in einen Shaker geben. Die Zutaten hinzufügen, gut schütteln und in eine Cocktailschale abseihen. Die Cocktailkirsche in das Glas geben.

Finlandia Bite

2 cl Finlandia Vodka,
2 cl Southern Comfort,
2 cl süße Sahne,
1 Spritzer Zitronensaft

Einige Eiswürfel in einen Shaker geben. Vodka, Southern Comfort, süße Sahne und Zitronensaft hinzufügen, gut schütteln und in ein Cocktailglas abseihen.

TIP

Ein Hauch von Zimt, Muskat oder Kakao vollenden süße Sahne-Drinks wie Creams, Flips und Egg-Nogs.

Alexander's Sister

2 cl Gordon's Dry Gin,
2 cl Crème de Menthe Grün, 2 cl süße Sahne,
Muskatnuß

Einige Eiswürfel in einen Shaker geben. Gin, Crème de Menthe und süße Sahne hinzufügen und gut schütteln. In eine Cocktailschale abseihen. Mit geriebener Muskatnuß bestreuen.

Rezeptverzeichnis nach Kapiteln

Seite

Edle Muntermacher

Aperitifs zum Auftakt

Buntgemixt für Liebhaber

Klassiker zum Relaxen

Fruchtig-Leichtes für lange Nächte

Cocktails zum Erwärmen

Rezeptverzeichnis, alphabetisch

Seite

Inhalt